JN199817

証言者たち

厳律シトー会アトラス修道院の七人の殉教者

ベルナルド・オリベラ

ドン・ボスコ社

証言者たち　厳律シトー会アトラス修道院の七人の殉教者

ベルナルド・オリベラ

Original title: How Far to Follow? The Martyrs of Atlas
©1997, Bernardo Olivera osco
All rights reserved.
First published in 1997 by Saint Bede's Publications, Petersham, Massachusetts, United States of America
First published in Japan by Don Bosco Sha, 2018

目次

日本語版の序

「アトラスの聖母修道院」の兄弟たちが武装イスラム集団に拉致され、殺された出来事から二十年が過ぎました。現代に生き、旅を続けるアルジェリアにある教会の中でいのちをささげたのは彼らだけではなく、他の修道者たちもそうでした。

寝台の下にランプを置いて火を消してはならず、むしろ光をもって照らし出しなさいと福音は私たちに教えています。殉教者たちの証しは決して沈黙や忘却の彼方に閉じ込められてはなりません。日本に生き、よろこび、成長しているカトリック教会は、自分のいのちを信仰のゆえにささげた彼らの証しを正しく評価することができるでしょう。数のうえでは小さな日本の教会でも、その地が生んだ殉教者の証しによって大きなものとされ、世界中の教会で敬われているからです。

殉教の形はさまざまですが、そのすべてに共通して一つの組み合わせが見られます。すなわち、イエス・キリストとの一致と、敵へのゆるしです。

兄弟たちの死を招いた原因は「キリスト教信仰への憎悪」ではないかもしれません。しかし、このことは兄弟たちが真正な「愛の殉教者」であることを否むものではありません。アルジェリアの民への愛、アルジェリアの教会への愛、そして、厳律シトー会修道院生活への愛です。まさに教皇ヨハネ・パウロ二世は謁見の際に、躊躇せずに私にこう言われたのです。

「彼らは殉教者です、彼らは殉教者です！」

二〇一〇年九月に公開された映画『神々と男たち』は、一九九六年にアルジェリアで起こった出来事の意味について世論を喚起しました。

彼らのメッセージはいま、この本をとおして日本のみなさまに届けられています。修道者たちの証しが多くの人びとの心に愛の炎を燃え上がらすよう、神は願っておられます。

二〇一八年六月二十七日

アズル大修道院長　ベルナルド・オリベラ

「アトラス修道院の七人の殉教者」について

一九九六年三月二十六日から二十七日の夜にかけて、アトラス修道院の七人の修道者は、いまだはっきりしていない状況の中で拉致されました。テロリストたちと、アルジェリア政府、フランス政府の間の交渉が失敗し、修道者たちは殺されました。おそらく同年の五月二十一日のことでしょう。

五月三十日に修道者たちの切り落とされた首だけが見つかりました。六月四日、アルジェの大聖堂で荘厳な葬儀ミサが行われ、続いてアトラス修道院の墓地に葬られました。二カ月間の拘留と死の状況については不明です。

多くの司祭、修道者が暗殺されていく状況の中で、七人が、共同体としてアルジェリアに留まると決心したのは、一九九三年のクリスマスの夜に彼らが「山の兄弟たち」と呼ぶテロリストたちが修道院に来て、修道者たちを脅したあとのことです。

修道者たちが自由意志で決心したのは、もっとも無防備な修道者たちを威嚇した暴力に対して、隣人たちと一緒に無防備のまま、定住の誓願を宣立した場所に留まりたいという願いの表明でした。また、キリストのように、人びとの救いのためにいのちをささげて、アルジェリアのきわめて少数派の教会とも連帯したいという願いでもありました。

七人の殉教者は、死が近づいたことを悟り、自分たちを捕らえに来る人たちをゆるし、自分のいのちをよろこんで完全にささげることを決心しました。この決心は、イエス・キリストの最後の晩餐のときの緊張した雰囲気を思い起こさせます。

これから紐解く修道者たちの証言は、驚くべき信仰告白です。

はじめに

本書は、この事件が起きて間もなく、修道会の兄弟姉妹たちに書いた四つの手紙、そこに記されたアトラスの兄弟たちの証言、そしてその後いただいたメッセージから成っています。その手紙は、私の信仰、愛、観想、そしてこの事件への悲しみを表しています。

私たちの七人の証人の記憶がいつも生き生きとしているために、神が七人の生活の中で働かれた驚嘆すべきことが知られるように、そして心の底から願っていてもまだまだ遠くにあるように思える平和への望みを刷新するために、この手紙を読者のみなさんと共有したいと思います。

七人の証し人

忘れることはできません。なにごとも起きなかったかのようにページをめくり、生活を続けていくことはできません。彼らは、無駄に死んだのではありません。キリストは、アルジェリアの人びとをとても愛していましたので、ご自身のいのちをアルジェリア人に与えました。私たちの兄弟も、真に親しくイエスに従ったので、自分たちのいのちを与えました。私たちには、すばらしい復活祭の思い出がいくつもあります。まさにこの復活の神秘の中で、私たちの痛む心は、ふたたび最愛の七人の姿と出会います。

私たちの兄弟であるクリスティアン神父は、完全な自己譲渡の道をすでに歩んでいった多くの殉教者たちのことを話しています。一九九五年が終わろうとしているころのことでした。

そして今日、同じようにテロ行為の犠牲になったクリスティアン神父と六人の友について語るとき、クリスティアン神父の言葉は、私たちのものになります。

アトラスの聖母修道院（以下アトラス修道院）の兄弟たちは、いまや私たちの中にはいません。みんな私たちの前に逝ってしまいました。そして私たちを待っています。そのため、私たちも彼らとともに、神のみ国に入ることができます。彼らの証言は、アルジェリアの苦しんでいる教会、よろこびにあふれている教会、誠実な教会の中で働いておられる聖霊に心を向けさせてくれます。燭台の上で輝く光は、そこからすべての場所を照らします。しかし、強く輝く光はたとえ籠の中にあっても隠れることはありません。

七人の兄弟が誘拐されたのは、一九九六年三月二十七日です。五月二十一日に首を切られて亡くなりました。七人は、みなフランス人です。ベルフォンテヌ修道院、エグベル修道院、タミエ修道院というフランスの修道院でそれぞれ修道養成を受けました。

クリスティアン・ド・シェルジェ神父

一九三七年一月十八日オランン県コルマールに生まれました。一九六九年八月二十日厳律シトー会アトラス修道院に入会しました。それ以前、一九六四年三月二十一日にパリ大司教区の司祭として叙階され、エグベル修道院で修練をしました。盛式誓願は一九七六年十月一日、アトラス修道院で宣立しました。

その前に、一九七二年から一九七四年までローマで勉学し、宗教間対話と深くかかわりました。事実、「平和の絆」という名前で知られているイスラム教とキリスト教の対話グループの中で、対話を促進する力ある修道者でした。

一九八四年、アトラス修道院の正式院長に選出されました。私は、この年にアメリカ、マサチューセッツ州のホーリーヨークで開かれたトラピストの総会でクリスティアン神父と初めて会いました。私たち二人は、経験のない新米の長上でした。こうした共通する状況にあったので、最初に会った日から絆が生まれました。私が総長に選出されてからは、クリスティアン神父は私を「私の父であり兄弟」と呼びました。

クリスティアン・ド・シェルジェ神父

誘拐される三週間前に、彼は一つの黙想会で説教をしました。その説教の中で、次のような勧めを言っています。
『殺すな』とイエスは言っています。ですから、自分を殺してはいけません。時間は神のものです。時間を殺してはいけません。信頼を殺してはいけません。死を軽視して、死そのものを殺してはいけません。国、人、教会を殺してはいけません。

平和には五つの柱があります。つまり、忍耐すること、貧しくなること、そこにいること、祈ること、ゆるすことです」

リュック・ドシエ修道士

リュック・ドシエ修道士

共同体の最年長で、一九一四年一月三十一日ドローム県ブール・ル・ペアジュに生まれました。一九四一年十二月七日にエグベル修道院において厳律シトー会に入会し、一九四六年にアトラス修道院に移籍、そこで一九四九年八月十五日に盛式誓願を宣立しました。

リュック修道士は、五十年以上もアルジェリアで生活しました。修道院に来る人びとに医師としてたゆみなく援助をしてきたために、この全地方でとてもよく知られていました。

共同体の中でも、すばらしいユーモアと深い知恵のある方でした。それにコックとしての腕を加えることができます。

助修士として召命を受け、そして心の底から助修士でした。第二バチカン公会議後、助修士という制度がなくなり修道士と神父という区分だけになったとき、リュック修道士が「助修士たちはどうなっていくのですか」と私に質問したことをよく覚えています。

リュック修道士は、ほとんど心の奥の宝を表すことはありませんでしたが、八十歳になったとき、集会室で兄弟たちに話しました。

「アトラス修道院は、戦争やテロに耐えてきました。（略）それは神秘です。私が死ぬとき、突然の死でなければ、放蕩息子のたとえ話のところを読んでください。そしてイエスへの祈りを唱えてください。それから、もしありましたら、一杯のワインをください。そうすれば、この世に別れを言ってから、（略）新しいワインを飲むことができます」

クリストフ・ルブルトン神父

一九五〇年十月十一日、ロワール・エ・シェール県ブロワで生まれました。一九七四年十一月一日、タミエ修道院で厳律シトー会に入会しました。その修道院で一九八〇年十一月一日に盛式誓願を宣立しました。

一九八七年にアトラス修道院に転籍し、一九九〇年元旦に司祭に叙階されました。その後、修練長と副院長に任命されました。

クリストフ・ルブルトン神父

疲れを知らない著作家でした。情熱的なギター奏者でした。本当の詩人でした。いつも貧しい人や見捨てられた人の側に立っていました。

私が最初に会ったのは、一九九〇年十二月十八日、タミエ修道院の客舎の階段の踊り場でした。クリストフ神父は一段おきに階段をまたいで下りてきました。私はゆっくりと暗い階段を上っていました。私たちは、バタンとぶつかってしまいました。

　クリストフ神父は、まれに見るキリスト教の友情のもち主でした。最初にいただいた手紙に次のように書いてありました。

「総長さまがお帰りになってから、修道院には、なにかが残っていました。私たちの兄弟であるイエスさまが私たち二人を引き寄せてくださったと思っています」

ミッシェル・フルーリー修道士

ミッシェル・フルーリー修道士
　一九四四年五月二十一日、ロワール・アトランティック県のサンタンヌに生まれました。プラド学院のメンバーで、北アフリカから来たイスラム教徒の移民と密接にかかわりながらマルセイユでほぼ十年間暮らしました。
　一九八〇年十一月四日、ベルフォンテヌ修道院で厳律シトー会に入会し、一九八四年にアトラス修道院に移籍しました。そこで一九八六年八月二十八日に盛式誓願を宣立しました。
言葉の少ない人でした。沈黙のうちに精を出して働く人でした。いつも「神があなたを守ってくださるように」と言っていました。アトラス修道院を視察してから数年後に、この言葉を言って私に別れの挨拶をしました。アルジェリアに生涯をささげました。ミッシェルのこの奉献は五十二歳のとき完成しました。

ブルノ・ラマルシャン神父

ブルノ・ラマルシャン神父

一九三〇年三月一日、ドゥ・セーヴル県のサン・メクセンで生まれました。幼いころ、何年間か父親が兵士として駐留していたアルジェリアで過ごしました。修道者になる前は、卓越した予備校の校長でした。それから一九五六年四月二日にポアチエ司教区の司祭に叙階されました。

一九八一年三月一日ベルフォンテヌ修道院

で厳律シトー会に入会、一九八九年にアトラス修道院に移籍し、一九九〇年三月二十一日に盛式誓願を宣立しました。二年後、モロッコのフェスにあるアトラス修道院別院の長上に任命されました。

修道者たちが誘拐されたとき、彼はモロッコの別院からアトラス修道院に来ていました。一九九六年三月三十一日に行われる正式院長の選挙のためアトラス修道院に滞在していたからです。

ブルーノ神父は、とても分別のある人であり、かつ単純な人でした。盛式誓願宣立のときに次のような言葉を残しています。それは、神父の心をとてもよく表しています。

「神よ、いまあなたの御前におります。(略) とても大きなみじめさと貧しさのうちにおります。言葉では言い表せない臆病な気持ちでいっぱいです。いま御前におります。神さまは、あわれみと愛そのもののお方です」

セレスタン・ランギール神父

一九三三年七月二十七日に、ミシェル修道士と同じロワール・アトランティック県のトゥーヴォワに生まれました。セレスタン神父の特徴は、アルジェリアで軍役にあったことです。一九六〇年十二月十七日にナント司教区の司祭に叙階されてから、ナントで暮らしている世間から脱落した人びと、売春婦、同性愛者への司牧に携わりました。一九八三年七月十九日にベルフォンテヌ修道院に入り、一九八七年にアトラス修道院に移籍しました。一九八九年五月一日に盛式誓願を宣立しました。

とくに豊かな感受性や深い思いやりの心に恵まれていました。すぐに人と仲良しになりました。このように言葉を使って人びとと交わる才能に恵まれた修道者を知りません。音楽が大好きでした。共同体のオルガン奏者でした。歌隊の先唱者でした。一九九三年のクリスマス・イブに武装イスラム集団が彼らのところを初めて訪

セレスタン・ランギール神父

ねたあと、とても難しい心臓の手術を受けなければなりませんでした。

ポール・ファーヴル・ミヴィーユ修道士

一九三九年四月十七日、オート・サヴォワ県のヴァンツィエに生まれました。水道工事の職人として働いてから一九八四年八月二十日にタミエ修道院で厳律シトー会に入りました。一九八九年にアトラス修道院に移籍してから七年後の同じ日、つまり一九九一年八月二十日に盛式誓願を宣立しました。手を使ってするどんな仕事にでもすぐれた腕をもっていました。修道院の庭園の水回りの責任者でした。三月二十六日の誘拐される数時間前にフランスから戻りました。武装イスラム集団と出会ったのは、神のみ摂理だと思います。

ポール・ファーヴル・ミヴィーユ修道士

一九九五年一月十一日に次のように書き残しています。

「真のいのちを危険にさらすことをしない

で、自分を救うことはできない。イエス・キリストだけがその日を知っておられる。キリストによって私たちが自由になるときをご存じです。（略）祈ることによって、すべての兄弟の前にいることによって、キリストの働きに心を開いていなければならない」

ここに挙げた七人が私たちの兄弟です。この七人は、修道院や小教区、また街で出会う人びとと同じように、共同の生活をしていました。引っ込み思案な人もいました。話し好きな人もいました。物静かな人もいました。感情表現が豊かな人もいました。知的な仕事が好きな人もいました。手を使ってする仕事が好きな人もいました。こうした人びとが離れることなく、一つになっていたのは、共同体の中で神を求めていたからでした。アルジェリアの人びとを愛していたからでした。アルジェリアの巡礼する教会と忠実な心によって固く結ばれていたからでした。七人の兄弟は、毎日聖なる読書をとおして聖霊の声を聞いていましたので、日常の出来事の中に神の御手をいつも識別していました。心の耳にはっきりと主の言葉が響いていました。イエスは言っています。

「わたしに仕えようとする者は、わたしに従え。そうすれば、わたしのいるところに、わたしに仕える者もいることになる」（ヨハネ12・26）

私たちの七人の兄弟は、イエスの言葉がよくわかっていました。つまり、イエスに仕えるとは、イエスがどこにいてもイエスを助けることです。それはどこに、そしていつのことでしょうか。ゴルゴタの丘で最高の苦しみに遭われた「時」です、そのとき、イエスも私たちも十字架にかかっています。ですから、英雄になる必要はありません。いやその反対です。私たちの強さは神に委託した弱さの中にある、と兄弟たちはわかっていました。

「殉教者」という言葉は、私たちが置かれている状況から見ると、どのようにも解釈ができる。(略)私たちになにかが起きるとしても、起きてほしくはないが、すべてのアルジェリア人と、すべての男と女と連帯して、ここで暮らしたい。彼らは、すでにいのちをもってつぐなっている。名前もわからないすべての無実な犠牲者と一致して生きている。(略)今日も生きていけるように助けてくれるお方が、私たちをここに呼ばれたのだ、と私には思える。いつもこのことが驚嘆すべきすばらしいことだと思っている。

(ミシェル修道士、一九九四年五月)

イエスは言っています。

「あなたがたも聞いているとおり、『隣人を愛し、敵を憎め』と命じられている。しかし、わたしは言っておく。敵を愛し、自分を迫害する者のために祈りなさい。（略）天の父が完全であられるように、あなたがたも完全な者となりなさい」（マタイ5・43～48）

私たちの七人の兄弟が極限まで兄弟であることを生きたいと望んだのは、七人がイエスに従ってイエスとともに御父のやさしいあわれみをいただいていたからです。このため、七人の兄弟は、武装したテロリストたちや武装した兵隊たちのことに触れるとき、いつも「山の兄弟たち」とか「平原の兄弟たち」という言葉を使っていたのです。また、七人の兄弟に「その時」が来たとき、神と兄弟たちからゆるしを願いました。七人には、これほどはっきりとした霊の心が与えられていたのです。人びとのためにいのちを捨てたイエスと同じように、その人びとを心からゆるしたのです。

「わたしのいるところに、わたしに仕える者もいることになる」（ヨハネ12・26）

「いるところ」とはどこでしょうか。それは、ゴルゴタの丘であり、十字架上でもあります。しかし、それは、御父への過越の神秘の中での一歩に過ぎません。イエスは、「わたしに仕える者がいれば、父はその人を大切にしてくださる」（ヨハネ12・26）と言っているからです。

さらにイエスは続けています。

「わたしは道であり、真理であり、命である。わたしを通らなければ、だれも父のもとに行くことはできない。(略) わたしが父の内におり、父がわたしの内におられることを、信じないのか」(ヨハネ14・6〜10)

一九九六年の聖ヨゼフの祝日に、クリスティアン神父はこの世で最後となる説教をしました。その最後で次のように言っています。

聖ヨセフが働くことができますように。そしてイエスが私たちのところに来てくださいますように。人としてのイエスの生涯の中には、御母マリアの魅力がありました。それと同じように、聖ヨセフの力もありました。それは、アブラハムから受け継いだ遺産です。しかし、イエスご自身は、去っていかれました。イエスは、ご自分がどこに行くのかご存じでした。イエスは、私たちを同じところへ連れていってくださいます。「わたしは、父のもとに行く」

一九九四年三月、フランスのティマドック修道院でクリスティアン神父と会ったとき、私は彼に言いました。

「本修道会には殉教者は必要ではありません。必要なのは修道者です」

クリスティアン神父はよく聞いていましたが、返事はしませんでした。それから私の顔を見て「殉教者と修道者の間には矛盾がありません」と言いました。

今になって、彼の言ったことが正しかったとわかります。修道会も教会も、世界もみな、尽きることのない愛の泉から血の言葉を話す信心深い証し人が必要です。最後まで心の準備ができていて、自由と救いを与えてくださるゆるしの十字架を心からよろこんで受け入れるイエスの弟子たちを必要としています。神は、私たちの兄弟によって、このすべてを私たちに与えてくださっています。

「最初の者にして、最後の者である方、一度死んだが、また生きた方が、次のように言われる。『わたしは、あなたの苦難や貧しさを知っている。だが、本当はあなたは豊かなのだ。(略)死に至るまで忠実であれ。そうすれば、あなたに命の冠を授けよう。……』」(ヨハネの黙示録2・8〜10)

この小さなアルジェリアの教会は、「受肉された神のみことばのように弱さを共有される」ことを選びました。この教会には、普遍的な教会全体に示し、伝える神秘があります。

「耳ある者は、〝霊〟が諸教会に告げることを聞くがよい」

死よ、おまえの勝利はどこにあるのか。御父が主イエス・キリストによって御父が私たちに示されている愛をとおして、いのちが死に打ち勝ちました。

アトラス修道院の共同体とベルナルド・オリベラ神父（後列いちばん左）。後列右から二番目のジャン・ピエール神父と右から三番目のアマデウス神父以外の共同体メンバー7人が殉教した。

第一章

第一の手紙

――出来事をたどる前に

一九九六年五月二十七日

親愛なる兄弟姉妹のみなさん

アトラス修道院の七人の兄弟が暗殺されてから何日間か過ぎました。暗殺の知らせを受けてから、私たちの心を深く悲しませているこの出来事を信仰に照らしてふたたび読み直してみることが大切のように思われます。

永遠の証し

厳律シトー会の創立九百年を一九九八年に、そしてその二年後、イエス・キリストの逝去から二千年の大聖年を祝う準備をしているとき、この証しをアトラス修道院の兄弟は、私たちに残しています。この証しを忘れることはできません。

人間の神秘、一人ひとりの神秘は、肉になられたみことば、人となられたみことばの神秘の中にだけ現れます。修道者であり修道女である私たちすべての証しと同じように、また神を信じるキリスト者の証しと同じように、私たちの兄弟の証しを理解できるのは、イエス・キリストの証しによってだけです。ここに誠実な証人の証しがあります。つまり、神は愛であるということです。

み国が来ますように。私たちに罪を犯した人を私たちがゆるすように、私たちの罪をおゆるしください。

修道院共同体における、死に至るまでの定住

アトラス修道院の兄弟たちが行った決心は、特別なことではありません。ベネディクト会・シトー会の伝統に属しているすべての人は、定住の誓願を宣立します。この定住誓願によって共同体は、共同体が生活している場所に結ばれています。本修道会の多くの共同体は、これまで長年にわたって戦争と武装勢力の暴力に直面してきました。そのため共同体は、定住誓願の意味を真剣に考えなければなりませんでした。

いまでもそれは変わりません。そのため共同体に留まるか立ち去るかというきびしい決心をします。アンゴラのウアンボ修道院とベラ・ヴィスタ修道院、ウガンダのブテンデ修道院、ボスニア、バンジャ・ルカのマリア・ツヴィエツダ修道院、また最近ではコンゴのモコト修道院がきびしい決心をしました。ウアンボ修道院、ベラ・ヴィスタ修道院、ブテンデ修道院、マリア・ツヴィエツダ修道院は、みな留まることを選びましたが、モコト修道院は追放の道を行くことを決心しました。それぞれの修道院の共同体全員は、長い考察と話し合いのあとに決心をしました。

修道者の生活におけるこの誓願の深さをどうしたら理解することができるでしょうか。クリスティアン神父の手紙を読めば、私たちの誓願の意味がよりよく理解できると思います。神父は、この手紙を一九九三年十二月二十八日にイスラム武装集団の司令官であり、クリスマス前夜に修道院に来た集団の隊長であるサヤ・アッティアに送るつもりでした。

兄弟よ、人間に対する人間として、神を信じる人に対する神を信じる人として、（略）このように呼びかけることをおゆるしください。

私たちの国がかかわっている現在の紛争状態から見て、私たちがどちらかの味方になることはできません。私たちは外国人ですから、どちらかに与することはできません。修道者という状態は、神さまが私たちのために選んでくださったことに結びついている状態です。神さまが選んでくださったことは、祈りの生活、単純な生活、労働の生活、貧しい人をあたたかく迎える生活です。（略）私たち一人ひとりはみな、このような基本的な生活の特質を自由に選びました。私たちは、死ぬまでこの特質と結ばれています。あなた方をとおして死が私たちのところに来ることが、神さまのみ旨だとは思っていません。

（略）アルジェリアの方々が私たちを歓迎しないという日が来たら、とても残念なことですが、みなさんの気持ちを尊重します。私たちはみな、アルジェリアの方々をどこまでも愛していきます。あなたもその方々の一人です。どうしたら、また、いつになったら、この手紙があなたのところに届くでしょうか。でもそれは問題ではありません。今日この手紙をあなたに書く必要がありました。私の母国語で書いたことをおゆるしください。私のことをわかってくださると思います。

すべてのいのちの唯一の創造者が私たちを導いてくださいますように。アーメン。

(クリスティアン神父の手紙)

共同体の識別

一九九三年のクリスマス前夜に六人の武装集団が修道院に乱入したあと、アトラス共同体の修道者たちが行った識別の中でおもなものをここに書き記すことは大切だと思います。

武装集団は、修道者たちを脅して、負傷した仲間の治療、経済的援助、後方支援、そして武力行動に協力するように迫りました。この出来事を受け、メーデーア県の知事が修道者たちに武装した護衛をつけると申し出ましたが、兄弟たちは、すべての人びとにとって平和のしるしになりたいという考えから、それを断りました。同じ理由で、修道院を出てメーデーア県の「守られた」地域に引っ越すことも断りました。しかし、午後五時三十分から翌朝七時三十分まで、修道院の入り口を閉めることと、門番の家まで新たに電話を敷くことは同意しました。

その後何日かたって、修道者たちは、一連の投票によって、武装集団といかなる形の協力もしないことを決めました。ただし必要なときには、修道院内での医療を続けることにしました。また、一時的にアトラス修道院の兄弟の人数が減っても、修道院に留まることを決心しました。この決心は、いつの日にかアトラス修道院を去らなければならなくなっても、フランスには戻ることなく、モロッコに行って、アトラス修道院に戻ることができる状況になるまで、そこで待つことを意味していました。最後に、アトラス修道院では修練者を受け入れないことを決めました。

教皇大使は、七月二十四日の手紙で、兄弟たちがアルジェの教皇大使館に住むように招きました。この招待状に対して、兄弟たちは、次のように返事をしました。

「しばらくの間、共同体を大使館に移す必要はないと思われるが、そのときが来たら、教皇大使と司教にどうすべきか相談する」

一九九四年十二月十六日に、共同体でのさらなる相談が終わりました。そこで新たに投票が行われました。そして前年に兄弟たちが決めたことを確認しました。

このとき共同体を訪問していたテシエ大司教は、武装集団がこの地域に以前よりも多く出没しているにもかかわらず、兄弟たちが危険をかえりみず、修道院に留まり、キリストの証人になると決めたことに感謝しました。さらに大司教は、アトラス修道院で祈りと労働の日々を続けていることが、アルジェリアのすべてのキリスト教共同体にとってどんなに意義深いことかと伝え、兄弟たちの勇気ある忠実なあり方に感謝をしました。

暴力による死の可能性

状況が緊張したものであるのにもかかわらず、アトラス修道院に留まる決心を確認したとき、兄弟たちは、暴力によって殺されるかもしれないと感じ取っていました。一九九五年九月に二人の修道女が暗殺されたあと、クリスティアン神父は私に書いた手紙ではっきりと言っています。

葬儀は、静けさと自己奉献の美しい雰囲気につつまれていました。小さな教会が一つになりました。ここにこれからも留まる修道女たちは、いまから暴力による死の可能性があると、はっきりと意識しなければなりませんでした。修道女たちは、修道会の精神をあらためて徹底的に深く自分のものにすることになりました。（略）最初の召命の源に戻ることになりました。そして同時に、アルジェリアの人びとへの神の愛の名によって、奉献生活のうちに私たちはアルジェリアの人びとと結ばれていますが、そのアルジェリアの人びとが、私たちや私たちの兄弟たちを殺して、この愛を傷つけることはないと確信しています。

クリスティアン神父が殺されるかもしれないと考えたとき、神父の考えは、祈りになっていました。それは、仲間である兄弟と向き合ったとき、いかなる形の暴力をも捨てたいと思う人の祈りでした。神父は祈りました「主よ、私を武装解除してください。彼らを武装解除してください」と。

また、神父が親しくしていたほかの修道会員が殺されたときも、自分も暴力によって殺される可能性があると思いました。マリスト会のアンリ修道士が殺されたとき次のような手紙を書いています。

アンリとは特別に親しくしていました。アンリの死は、とても自然のように思われました。ごく小さな普通の毎日の義務に自分を完全にささげた長い生涯の一部のように思えました。私の言葉を使えば、「希望の殉教者」でした。毎日の忍耐の生活を懸命に生きてきたために、人の口にのぼることのない方であると思いました。「修道生活の殉教者」と同じ意味だと理解しています。回心に向かって絶えざる努力をはらっていること以外に、ここでいま、私たちがなにも変えようとしないのは、このように考えているからです。もう一度申しあげますと、なにも変えることはありません。

(一九九四年七月五日のクリスティアン神父の手紙)

同じ年にアウグスチノ会の宣教師が殺されたとき、アトラス修道院の兄弟たちは、危険があることを承知して、それでも留まる決心をしたことを確認し合いました。十一月十三日、クリスティアン神父は書いています。

修道院は、留まるという選択をしたことによって信用を得ていると思います。これまでのところイエズス会、イエスの小さな兄弟会、アフリカ宣教師会がそうです。私たちもそうです。他の修道院と同じように、アトラス修道院でも、留まることを選んだことには危険が伴っています。共同体の兄弟たち一人ひとりは、その危険を受ける覚悟であると私に話しました。私たちにとって、これは、未来への信仰の旅です。私たちといつもとても強く結ばれてきた隣人と一緒に現在を共有する旅です。この賜物のお恵みは、毎日はっきりと与えられています。

九月末に、また夜の「訪問者」が来ました。今度は、「山の兄弟たち」は、電話を使いたかったのです。私たちは、盗聴しているふりをしました。(略) 私たちの生活のあり方と、人のいのちを傷つけることにかかわることは、相容れないことを訪問者たちに強く話しました。彼らは、確約しましたが、自動ライフル銃を持っていましたので、そこには暴力の脅威がありました。

その十カ月後、使徒の聖母修道女会のシスターたちが殺されたとき、一九九五年九月七日の手紙にクリスティアン神父は書いています。

教皇さまは、とても思いやりが深く、葬儀を司る特別代表を送ってくださいました。その方は、聖職者省の長官です。今日の午後、司教さまたちと主だった院長さまたちとの集まりがあったとき、長官と話をすることができました。長官は、深い感銘を与えてくださる方でした。ほほえみながら、しかも深い確信をもって、教会の歴史に関連させながら、私たちがいま置かれている状態の中での神のご計画と私たちの修道召命が真実なものであると、そしてそこには殉教の可能性があるとはっきりとおっしゃいました。また聖霊がいまここで与えようとなさっている、私たち一人ひとりに合った特別な形の忠実な態度を望む必要があると指摘しました。このことは、ある程度の用心するための対策や、賢明で思慮分別ある行動をとることをやめることではない、ということでした。

愛と信仰の殉教者

敵をゆるす

マリスト会のアンリ修道士が暗殺されたあと、一九九四年五月十五日にクリスティアン神父は、友人たちに手紙を送っていました。

一九九四年、この五月八日の福音でイエスは「友のために自分の命を捨てること、これ以上に大きな愛はない」と言っています。この聖句がアンリ修道士のいのちに当てはまるとすれば、それは、この聖句がアンリ修道士の最期の日のことを述べているからではなく、完全といってもよいゆるしの賜物がアンリ修道士に与えられたからです。私たちの共同体が歩む道が現状からはずれないように、アンリ修道士が送ってくれた最初の忠告の中に、この完全な賜物がありました。それは、毎日の生活の中で、憎しみ、復讐、暴力に対して、愛、ゆるし、一致の側に心を開くことでした。

一九九四年のクリスマス前の共同体の例年の黙想が終わったとき、クリスティアン神父は、日記の中にこの黙想の特別な点を書き残しています。それは神父の心を打ち、喚起させたことです。ここでそれを引用いたしますが、日記の途中からの抜粋です。

私たちの特別なあり方、つまり共住修道者としてのあり方が少しはわかっている。それは、変わることに抵抗する。変わることなく進んでいく。それが支えである。具体的にいえば、聖務日課を唱えることである。詩編の言葉は、変化に抵抗して、暴力、苦痛、虚言、不正の状況の一部となっている。そう、敵がいる。犠牲者についての記憶を傷つけないで、敵を愛すると急速にいうことができない。犠牲者の数は日に日に増えている。聖なる神よ、強い神よ、助けに来てください。急いで来てください。

福音のみ名によって

一九九六年の三月にアトラス修道院の七人の修道者が誘拐されました。そしてその一カ月後の一九九六年四月二十七日に、新聞『アル・ハヤト』は、武装イスラム集団の四月十八日付の公式声明四十三号の抜粋を掲載しました。その中には、修道者たちに、武装イスラム集団のリーダー、エミルの前任者が約束したアマン、つまり保護については認めないと書かれていました。そのうえ、この保護が合法的なものではないと書かれていました。その理由を声明文は、次のように伝えていました。

「修道者たちは、イスラム教徒をキリスト教徒にしようとすることを止めていないからである。彼らは、キリスト教のスローガンやシンボルを使って、祝祭日を荘厳に祝っている。

エミル（武装イスラム集団のリーダー）は、働いている人びとの中にいる修道者たちが合法的に殺されことになると述べている。これは、アトラス修道院の修道者たちに当てはまる。修道者たちは、人びとと一緒に生活して、いつも人びとを神の道から離し、キリストの福音に従わせようとそそのかしている。（略）したがって、イスラム教徒ではない捕虜に適用することと、つまり死刑、奴隷、イスラム教徒の捕虜との交換を修道者たちに適用することは合法である」

このような文章のあとに、警告が載っていました。

「フランス政府とアルジェリア政府が捕らえた武装イスラム集団が解放されないなら、修道者たちが死刑になるだろう。選択は、そちらにある。そちらが解放すれば、われわれは解放する。捕虜を解放しないなら、われわれの捕虜の喉を切り落とす。神に栄光」

このことから、兄弟たちが宣言している福音の名によって、死を宣告されたことは確実です。「神の栄光」のために死を宣告されたのです。

同年五月二十三日、モロッコのラジオ局が武装イスラム集団の新しい声明（四十四号）を放送したことをフランス外務省から聞きました。この声明は、アトラス修道院の七人の修道者たちを処刑したと伝えていました。

前の声明文の内容と武装イスラム集団のリーダー、エミルが下した有罪の宣告文の内容とを照らし合わせて読まなければなりません。有罪の宣告には兄弟たちが奴隷として捕らえられるか、イスラムの捕虜との交換に使われるか、殺されるかになっていました。

捕虜の交換が拒否されたので、武装イスラム集団は最高の刑を適用することに決めました。声明は、次のように言っています。

「一九九六年四月十八日、われわれは声明を発した。（略）アブデルハク・ラヤダを解放すれば（略）、われわれは修道者たちを解放する。しかし、拒絶するなら、彼らの喉を切り落とす。四月三十日にフランス大使に使者を送った。（略）使者は、修道者たちがまだ生存していることを示すカセットテープと、フランスが捕虜を生きたまま返してもらえることを望む場合に実施される交渉についての詳細な書面を携えていた。最初、フランスは交渉にのりたいという気持ちがあったようで、署名し封印した書簡を書いてきた。（略）しかし、何日かして、フランス大統領と外務大臣は、武装イスラム集団と対話も交渉もしたくないと宣言した。彼らは、自分たちで始めたことを拒絶したのである。そこで、われわれは、約束に従って、七人の修道者の喉を切り落とした。（略）神に栄光（略）。この処刑は、今朝、五月二十一日に行われた」

私たちの殉教者の声を鳴り響かせよう

アトラス修道院の七人の修道者の生と死は、忘れてはならない証しです。

いかなる策略をめぐらしても、また世間からどのように見られても、私たちから七人の殉教者の声を奪うことはできません。彼らの生きている信仰の声を黙らせることはできません。霊的闘争の殉教から血の殉教にいたるまで、すべての殉教の声は、ゆるすことを、そして敵を愛することを大声で呼び求めています。

生は死よりも強いです。愛が最高のものです。

一九九八年の厳律シトー会創立九百年と、二〇〇〇年の聖年が近づいてくるにつれて、アトラス修道院の兄弟たちの事件が「時のしるし」であるという実感を深めています。そのしるしは、そのままでは神のもとに戻ることのないみことばです。そのみことばは、私たちの心を実り豊かなものにしてくれました。

今日、個人として、また共同体として、神の声が聞こえるなら、心を閉じないで、回心のうちに忍耐できますように。

イエスとその福音に従っていくときも、大切な旅路の中で前進するように強く勧めている声を聞いてください。

聖ベネディクトが戒律の中でよい熱誠について話している愛の火を、七人の兄弟の模範が私たちの中に燃え立たせますように。

私たちの兄弟を殺した人びとを愛し、そしてゆるすことができるまで、私たちはただ互いに愛し合うことができますように。

クリスティアン神父と同じように、私たちがキリスト者であり続け、彼の証しの言葉を自分のものにする生活を全うできるのは、極みまでゆるし、愛すること以外にはありません。

最後まで友であるあなた方は、ご自分のなさったことがおわかりにならなかったでしょう。

感謝の心と「別れ」があなた方のために。

神のみ顔の中に、あなた方を見ています。

私たちの御父である神がよろこばれるなら、楽園の幸せな盗賊のように、ふたたび会えますように。

アーメン。


聖母マリアによって、兄弟であるあなた方を抱擁します。

厳律シトー会総長　ベルナルド・オリベラ

第二章

第二の手紙——葬儀の記録

一九九六年六月七日

親愛なる兄弟姉妹のみなさま

昨日アルジェから戻りました。アルマン・ベイユ神父と私からの知らせをお待ちになっておられることはわかっております。いまローマにおりますが、私の体の一部は、ティビリヌのアトラス修道院の墓地にあります。そこには、七人の兄弟の遺体が眠っています。

アルジェで体験したすべてをどのようにお伝えしたらよいか戸惑っています。もっとも単純な方法は、私が書いた覚え書きをみなさまと共有することです。私は、その覚え書きを書き直して、別の形で記したものを送ることを考えていました。けれども時間がありませんし、いまは、そのようなことができる状態ではありません。そこで、書いたままの記録を送ることに決めました。この覚え書きによって、私たちすべてと、アトラス修道院の兄弟たちとフェス修道院の兄弟たちとの間の絆が強くなるように願っています。

葬儀

五月三十日　木曜日

本会の総長代理、アルマン・ベイユ神父と私は、午後三時二十五分にアルジェリア航空二〇二五便でローマを出発し、アルジェリアの首都アルジェに向かいました。この便の出発は二時間十五分遅れましたが、順調な飛行のあと、現地時間の三時四十五分にアルジェ空港に到着しました。空港で、事件当時アトラス修道院にいて、連れ去られることのなかったアマデウス神父と、アフリカ宣教会の宣教師が出迎えてくれました。到着するとすぐに、私服警官に囲まれました。私たちの安全のためです。警官は、形式的な入国審査と税関の手続きを見守っていました。

三十分後に、空港の裏口から一緒に出ました。チャンネル・ドゥのフランス人の記者たちが正面入り口で待ち構えていたからです。車が教区秘書局に向かっている間、二台の警察の車が前と後ろについていました。到着すると、私たちがここに滞在している間は希望のままに警察の護衛がつくと知らされました。空港を出る前に、その日の朝、アルジェの隠退した大司教、デュヴァル枢機卿が亡くなったと連絡を受けました。枢機卿は、九十二歳でした。

それから、私たちは、大司教の図書室に入りました。そこでは、デュヴァル枢機卿の逝去にお悔やみを表すために、多くの人が集まっていました。その人びとの中に、三年前に暗殺されたアルジェリア大統領の未亡人ブディアフがいました。すべての人の顔には、アルジェリアの国民の苦悩がはっきりと表れていました。アルジェリアがいま受けているとても困難な状態を表していました。一九七〇年代にアルゼンチンが同じような体験をしたことを思い出しました。

午後五時を少し回ったころ、フランス大使のミシェル・レヴェクのところに行っていたテシエ大司教が戻ってきて、七人の兄弟のことを話してくれました。政府当局は、マルセイユから届いた棺に遺体が安置され、明日の午後アルジェの軍病院に運ばれると大司教と大使に伝えたそうです。このことを聞いたので、兄弟たちの遺体を私たちで確認することがどんなに大切なことであるかと大司教に説明しました。大司教は、それは難しいだろうと考え、地元の人びとがすでに遺体を確認していて、間違いないものだったと言いました。私にも、アルマン神父にも、これはとても大切なことでした。私たちは大使に電話をして、遺体を確認したいという願いを伝えました。

それから、葬儀と埋葬について話しました。ミサは、デュヴァル枢機卿の葬儀ミサといっしょに司教座聖堂で行いたいと思いました。大司教は、埋葬について四つの可能性を提示しました。私たちはその日の朝すでに電話で遺族の意向を聞いていましたので、彼らの希望について大司教に伝えました。

兄弟たちの遺族は、兄弟たちがアルジェリアで、できるならティビリヌ村にあるアトラス修道院に一緒に葬られることを望んでいました。私は、この遺族の願いは私たち修道会の望みでもあると伝えました。大司教も大使も、政府当局が安全の点から反対するだろうと言いました。けれども、すべてが慎重に行われたので、政府当局の許可を得ることができました。

私たちが到着してから夕食が終わるまで、電話が鳴りっぱなしでした。新聞、ラジオ、テレビに向けて声明を出すかどうかと聞かれました。現時点ではなにも申しあげることがないと言いましたが、翌朝九時にマスコミの人びとと会うことをテシエ大司教が取り計らってくれたことには同意しました。大司教と大きく連帯していると感じました。大司教の苦悩を共有しました。大司教は、とても重い十字架を担っていました。私たちは、大司教に深く感謝していることを伝え、大司教を手助けし、できるかぎり大司教の重荷を軽くしたいとも伝えました。

夜の九時ごろ、電話がかかってきました。武装イスラム集団がアトラス修道院の兄弟たちの暗殺についての映像ビデオをフランス政府に送ったというフランス情報誌の発表を伝えてくれました。兄弟たちの遺族は、そのビデオテープを破棄するようにフランス政府に頼むことに同意しました。このようなビデオテープが実在することは、明らかに政治的、国際的問題になります。そのようなことは、政治家、外交官、新聞記者の問題です。私ども修道者がする仕事は、この世で起きるすべてに神の御手を見つけることです。たくさんの人間の手の中で神の御手を識別することは簡単ではありません。

五月三十一日　金曜日

午前九時に記者会見がありました。テシエ大司教にいくつかの質問がありました。大司教はクリスティアン神父の「遺書」の意味とゆるしのキリスト教的な意味を説明しました。私は、本修道会にとってこの出来事がどのような意味をもつのか説明し、遺体の確認が大切であると話しました。そして、ゆるしの大切さを繰り返して言いました。

ゆるしを願うのは、「人間の正義」に対してではなく、神のあわれみ深いみ心に直接に向けられていると繰り返し話しました。アルマン神父は、その日に行われることになっている遺体の確認について話してから、兄弟たちがアトラス修道院に埋葬されることを本修道会も遺族も望んでいると言いました。さらに、短い言葉でアトラス共同体と修道院の将来についてつけ加えました。

午前十一時。フランス大使と総領事、それに大使館の若いアルジェリア人の医師が武装車で来ました。私たち一行は、テシエ大司教、アルマン神父、アトラス修道院のアマデウス神父と私でした。車に乗り込むと、大使は、遺体が発見されたときのいくつかの詳細な事柄を明らかにしてから、写真は撮らないようにと言われました。

アイン・ナアジャ軍病院に着くと、医師たちと政府高官の大佐から丁重に迎え入れられました。彼らは、十日前に兄弟たちが亡くなったことと、遺体が埋葬されたが、ふたたび掘り出されたことを、とても気を遣いながら説明してくれました。彼らは、すでに閉じられている棺の前で祈ることだけを勧めてくれました。写真やレントゲンなど、法医学的に必要なすべての処置を施したため、大佐はこうした普通の処置に、私たちが気持ちのうえでショックを受けないようにと配慮してくれたのです。しかし、私たちは、遺体確認を強く申し出ました。

十二時十五分、法医学部つまり遺体安置所に、公式な死亡証明書を書くことになる総領事と大使館の医師、それにアルマン神父と私が向かいました。大きな部屋の中に、あっさりと、しかしていねいに七つの棺が置かれました。棺の上には、それぞれ赤いバラが置かれていました。遺体を見たとき、イエスの先駆者、洗礼者聖ヨハネのことを考えていました。二十分ですべてが終わりました。

午後一時十五分、フランス大使館に到着し、招かれていた人と食事をしました。七人の大使、教皇大使、教区総代理モンセニョール・ベライド・オウルド・アオウディアでした。

食事が始まる前に、テシエ大司教は、この二カ月の間アトラス修道院の修道者たちのために働いてくれたすべてに対してフランス大使に感謝の言葉を述べました。アルマン神父は、短い言葉で私の名前と厳律シトー会の名前で感謝の言葉を述べました。

三時に、教区秘書局に戻りました。大司教は、埋葬について内務大臣に面会に行くと話してくれました。アルマン神父に、大司教と一緒に行って、本会と家族の名前で兄弟たちが修道院に埋葬されるようにという私たちの願いを伝えるように頼みました。彼らは四時三十分に、大臣が私たちの願いを聞き入れてくれたというよい知らせをもって戻ってきました。大臣は、安全上の理由で埋葬がひそかに行われるようにとだけを求めました。

四時四十分、教区秘書局を出て、護衛つきの二台の車でアフリカの聖母大聖堂に行き、デュヴァル枢機卿の遺体の傍らで祈りました。枢機卿は、赤い枢機卿の服装で眠っていました。

私は、すぐに七人の兄弟の貧しい棺、赤いバラが一つだけ飾られていた棺のことを思い出しました。七人の兄弟たちもみな一緒に心を合わせて生き、同じ平和と愛の証しをたてました。

五時三十分、大聖堂でミサが挙行されました。六時二十五分、教区秘書局に戻りました。一人の記者が私を待っていました。イスラムの専門家でした。記者は、個人的な深い苦痛の気持ちと、七人の兄弟たちに起きた出来事に直面したアルジェリアの人びとの苦痛の気持ちを話しました。

六月一日　土曜日

終日、どこにも行かずに教区秘書局にいました。昼食の前に、大司教がいちばん新しい情報を伝えてくれました。次の火曜日に、群衆やマスコミ関係の人びとを避けるため私たちをいれて十人ほどの人だけで、ヘリコプターでアトラス修道院に棺を運ぶということを内務大臣が伝えてきたとのことでした。

昼食後、三時間ほどアマデウス神父と話をすることができました。兄弟たちそれぞれの個人的ないろいろな文書の入った小さなスーツケースの中身をよく調べました。兄弟たち一人ひとりの最近の写真を選び出しました。コピーして近親者に送るためでした。アマデウス神父にこのすべての文書類をよく注意して保存しておくように頼みました。きっといつの日にか必要になり、役にたつと思ったからです。また、アトラス修道院の将来についての実際的な問題についても話し合いました。

午後六時から、翌日の葬儀に招待されていた人びとが到着し始めました。教皇使節のアリンゼ枢機卿、アルジェリアの四人の司教、クリストフ神父の七人の遺族。クリストフ神父の遺族の方から、神父が最近書いたという三つの詩のコピーをいただきました。これらの詩は霊的洞察に富んでいるものでした。

私は、神のもの。神の道を歩んで、私の完全な復活の真理に向かっていく。
いろいろな出来事が起きる道を見ながら、
あなたに偽りなく言います。すべては正しいと。
炎は身をかがめ、
光はもたれかかる。
私は死ぬことができる、
だからいまここにいる。

六月二日　日曜日

午前中、今夜のミサで読む「証し」を頼まれたので、その準備をしました。その証しの言葉が書かれたものをP・L神父（この出来事にかかわった人の安全のために姓名の頭文字は変えてあります）に渡しました。彼は、それを読んで完全に同意してくれました。それから、アマデウス神父と一緒に読みました。その全文は次のようなものです。

修道者は、兄弟である修道者についてどのように話したらよいでしょうか。教会における私たちのカリスマが、沈黙し、労働し、取り次ぎの祈りをし、神を賛美することであると修道者たちは知っています。また、沈黙を守るときがあるように、話をするときもあると知っています。

修道者たちの隠れた声は、五十年以上もの間、アトラスの聖母修道院の回廊の中で沈黙したままでした。この二カ月の間に、この声は、愛の叫びに変わりました。何百万という信者と善意ある人びとの心の中で響いています。

アトラス修道院の七人の兄弟、クリスティアン神父、リュック修道士、クリストフ神父、ミッシェル修道士、ブルーノ神父、セレスタン神父、ポール修道士は、今日すべての抑圧された人の声の代弁者となりました。また、より思いやりのある世界を求めていのちをささげた、名前も顔もわからない人びとの代弁者となりました。そして、私たちの七人の修道者は、その声を私にあずけました。

信仰のあるすべてのキリスト者の証しと同じように、修道者たちの証しもキリストご自身の証しを延長したものとして理解できます。キリストに従っている私たちの生活は、今日、私たちが生きたいと願っている福音のよき知らせを、神が無償で与えてくださっているることを、はっきりと証明しなければなりません。よき知らせとは、与えられたいのちは決してなくなることがないということです。よき知らせは、いのちであるキリストのうちに、いつも見つかります。

私たちは、他者の世界の中に入らなければなりません。その人がキリスト者であってもイスラム教徒であってもです。本当に〝他者〟が私たちの中で生きていなければ、真の愛の場所はありません。私たちの心は、他者が実在することによって心がかき乱され、また豊かになる必要があります。私たちにいろいろと要求してくるあらゆる声に、心を開き、その声に敏感であるようにしましょう。いろいろな顔をした憎しみ、復讐、暴力に反対して、愛とゆるしと一致を選び取りましょう。一人ひとりの心の奥底にある平和への深い希求をひるむことなく信じましょう。

私たちの兄弟である修道者たちは、アルジェリアで過越の神秘を生きているこの教会の熟した果物です。またアルジェリアの人びとの熟した果物でもあります。アルジェリアの人びとは、現存と一致の長い年月を過ごしてきた間に、兄弟である修道者を受け入れ、その生き方を尊敬してきました。このため、みなさまに私たちの感謝の気持ちを表したいのです。アルジェリアの教会とすべてのアルジェリアの方々は、神さまを礼拝しています。私たちの兄弟である修道者たちに示してくださった尊敬と愛の気持ちに心からお礼を申しあげます。

みなさま、聞くことができるなら、聞いてください。

神さまのもとに行くことは、自分から離れることです。

沈黙しましょう。天上は示現の世界です。

アトラス修道院の私たちの兄弟である修道者たちにとって、言葉は、観ることです。

アーメン。

兄弟一人ひとりの名前を読み上げるときになったら、アマデウス神父と私は、あふれ出した涙のために証しの文章を読むことができなくなりました。それは、愛にあふれた涙でした。目に見えぬお方を観るための栄光の目でした。私たちは、ただ頭を下げて、沈黙のうちに祈りました。

十二時三十分、教区の文化センターでテシエ大司教、教皇大使、アリンゼ枢機卿と一緒に食事をとりました。私は、この機会にセンターの所長と一緒に修道院が所有していた多くのものが保存されている部屋を見てみたいと思いました。院長が持っていた書類や修道士たちの個人的な書類、聖画類や牧杖、カリスとパテナなどです。いくつかのものを手に取ってみました。兄弟姉妹に渡すことになっていたクリスティアン神父の三つの箱には、家族の写真が入った封筒、ノート、叙階されたときの記念品、新約聖書と二冊のエルサレム聖書、一つはポケット版で、もう一つは普通サイズのものでした。

午後二時五十分、フランス大使館の武装した車で軍病院に行きました。その病院で七つの棺を受け取り、アフリカの聖母大聖堂に運ぶためでした。アマデウス神父とアルマン神父、それにG・N神父と私です。大佐が待っていて、とても丁重に迎えてくれました。法医学部に向かいました。

明るい色のヘルメットをかぶった三十人の幹部候補生の護衛隊が四台の黄色の救急車に棺を乗せました。すべてが心からの尊敬と威厳をもってなされました。三時三十五分、三台のオートバイ、三台の警察車両、二台の軍隊のライトバン、一台の消防車に伴われて、大聖堂に向かいました。大聖堂に着くまで二十五分かかりましたが、すべての交通が規制されました。その間、アマデウス神父は熱心にロザリオの祈りを唱えていました。

四時に大聖堂に到着。報道関係の多くの人びとが待っていました。七人の兄弟たちの棺が大聖堂の中に運ばれるとき、あたりは深い荘厳な雰囲気につつまれました。数分後、ルティジェ枢機卿と三人のフランスの司教が到着しました。香部屋には、事件当時アトラス修道院でともに暮らしていたジャン・ピエール神父とフェス修道院から来たR・F神父が待っていました。アルジェリア政府を代表して五人の大臣がすでに到着していました。そこで、デュヴァル枢機卿と七人の兄弟の葬儀ミサが始まりました。午後四時四十分でした。

八つの棺が内陣に安置されました。それぞれの棺の上には、大きな花輪と写真が飾られていました。デュヴァル枢機卿と修道者たちは、ふたたび一つに結ばれました。一九六〇年代の初めに、本会がアトラス修道院を閉鎖しようとしたとき、枢機卿がそれを守ってくださったことは、無駄になりませんでした。教皇使節アリンゼ枢機卿がミサを司式しました。テシエ大司教とデュヴァル大司教が両側につきました。私と、アルマン神父と、アマデウス神父と、ジャン・ピエール神父が従いました。

祭壇の上には、アトラス修道院のカリスとパテナが置かれていました。カリスには、アトラス地方に住むカバイル人の珊瑚の飾りがついていました。ミサは、おごそかに進んでいきました。違うところは、兄弟たちが亡くなったときのシラク大統領からの弔文の代わりに、デュヴァル枢機卿の逝去にあたっての教皇からの弔電が読まれたことでした。

六時三十分までに、長いミサが終わりました。多くの人が涙をうかべて私たちのところに挨拶に来ました。軍病院の一人のイスラム教徒の警備官が私と握手をして、あふれるばかりの気持ちをあらわにして、「修道者の方々は私たちの兄弟でもありました」と言いました。その人たちは私たちにたいして、アトラス修道院での出来事について、イスラムの人たちをゆるしてほしい、と願いました。私が言える言葉は、「ありがとうございます」だけでした。

アルゼンチン大使のジェロミノ・コルテス・フネスと会いました。彼は、私の兄の高校時代の友人でした。世界はなんと狭いのでしょう。アルマン神父と私は、遺体に最後の別れの祝別をして、教区秘書局に戻りました。

七時三十分ごろ、アルマン神父は教区の方々と一緒に食事をとるために、フランス大使館に行きました。私は大使に謝罪の気持ちを伝えてくれるように頼みました。というのは、私はどこへも行かずに、ここでアマデウス神父、ジャン・ピエール神父、そしてクリストフ神父の遺族と夕食をともにしたかったからです。食事のあと、その日の朝に文化センターから運んできた遺品の中から、クリストフ神父が所有していたものを遺族に渡しました。この日は、緊張した気持ちでいっぱいの長い一日でした。

六月三日　月曜日

七時三十分。ルティジェ枢機卿が司式し、私たちも共同奉仕者として参加したミサがささげられました。大きなアルジェ教区のおよそ三十人という小さな群れがあずかりました。派遣の祝別の前に、枢機卿は、「古いヨーロッパの弱くなった信仰を元気づけ、かつ支えてくださるこの小さな教会の信仰」に対して、参列者一同に感謝の言葉を述べました。

ミサのあと、文化センターに行って、クリストフ神父の個人的な持ち物が入っている箱を持ってくることができるかどうか、アマデウス神父に尋ねました。遺族の人に中身を調べてもらい、神父の母、ルブルトン夫人にその遺品を渡したかったのです。昼食後、L・M神父と会い、二日前に頼んでおいた書類を受け取りました。その書類は六ページからなるもので、三月二十七日の早朝と、その日一日の修道院でのすべての体験が記されていました。アマデウス神父とジャン・ピエール神父に、この事件について書いた記録がほしいと言いました。

午後三時から四時三十分まで、アマデウス神父とジャン・ピエール神父と集まりました。いろいろとやらなければならないことや決定しなければならないことがありました。

修道院での埋葬のこと、アルジェリアの情勢が普通の状態になれば戻るということを考慮にいれて、二年か三年の間アトラス修道院に留まることができるかどうか、門番と家族が引っ越したいのであればメーデーア県に家を探す必要があり、そのための支援を惜しまないと伝えました。

五時ごろ、クリストフ神父の個人的な書類を調べるために、アマデウス神父に会いました。神父の研究ノートや講話のノート、また日記や詩と、覚え書きとを見極めることは簡単なことではありませんでした。また、神父宛ての多くの手紙もありました。この手紙類は、差出人のことを配慮して焼却することに決めました。大きなノートに書かれた個人的な日記は、私が持っていることにしました。

クリストフ神父の多くの詩は、すべての出来事から見てとても意味深いものがあります。次の詩は、残念ながら書いた日付がわかりませんが、おおよその検討はつきます。

遺言

私の体は地のため
だから
保存しないでください
ただ地と私だけ

私の心はいのちのためにつくられた
だから
装いはいりません
いただいたいのちと私

私の手は働くためにつくられた
手は

すぐに元気がなくなる
やさしい接吻
私の顔が見えるように
私の目で見えるように

追伸　感謝

埋葬

六月四日　火曜日

この日は、早くから始まりました。

午前七時半に、大使が兵士に護衛された車でやってきました。私たちもその車で空港に向かいました。みなアトラス修道院に行くのです。けれども、どのようにして行くのか正確にはわかりませんでした。

空港には、たくさんの警備員がいました。九時に、私たちと、六人の警備員が軍用機に乗り込みました。三十分の飛行で、イン・オウセラの軍事基地に到着しました。メーデーアから南に七十五マイル離れたところです。ここからメーデーアにヘリコプターで行くことになっていました。けれども天候が悪くて、ヘリコプターは使えませんでした。十時少し前、武装した兵士が乗った十二台以上の無蓋のトラックに守られて修道院に向かいました。トラックの頭上には、ヘリコプターが一機ついていました。

正午にアトラス修道院に着きました。兄弟七人の遺体を乗せた救急車は、すでに到着していました。天気は、湿気が多く、曇りでした。すべての自然が悲しみのために泣いているようでした。聖堂に行くと、すでにR・F神父たちが待っていました。およそ三十人の士官候補生が棺を運んできました。みな尊敬と威厳に満ちた姿でした。

入り口が閉められました。完全な密室になりました。私は、簡単な典礼をささげました。わずかな歓迎の言葉、聖歌、連祷の形の祈り（「洗礼の水によって、クリスティアン、リュック、クリストフ、ミッシェル、セレスタン、ブルーノ、ポールの七人の兄弟を聖なる者にしてくださった主は、神の子のいのちを完全に与える」）、福音の朗読、聖水の散布、香をたき、終わりの祈りがささげられました。その後、入り口が開けられました。士官候補生たちが入ってきて棺を修道院の墓地に運びました。

七つのお墓が用意されていました。最初はクリスティアンの棺が、続いて入会順に棺がそれぞれのお墓の前に安置されました。ジャン・ピエール神父が参列者――近隣の方々と教会の方々――に向けて謝辞を述べました。それから、大司教とR・Q神父がアラビア語で話しました。私が最後の祈りを唱え、棺がお墓に降ろされました。午後一時十五分を回っていました。

大司教が最初にミッシェルのお墓にシャベルで土を入れました。私は、クリストフのお墓に土を入れました。近隣の方々が土を入れていきました。このとき、陽の光が雲をとおして差し込みました。棺は、すべて土に埋められました。私たちは、抱擁をし合いました。修道院の近隣の方々は、たくさん哀悼の言葉を述べました。そして修道院の中に埋葬されたことに感謝の言葉を述べました。一時四十五分にすべては終わりました。

私たちは、修道院の部屋に入り、短い時間でしたがそこに留まりました。そこには、メーデーアの司教がコーヒー、お茶、砂糖漬けの果物菓子を準備していました。心の中で短い言葉を言いました。

「七人の兄弟をそのままにしてはおかない。必ず戻って来る」

心を残して、二時に修道院を出ました。

六月五日　水曜日

九時過ぎにジャン・ピエール神父と会い、フェス修道院の今後について話しました。フェス修道院には、そこで生活しているアトラス修道院の共同体があることはたしかです。共同体の平均年齢は、とても高く、健康はすぐれていませんが、とても元気にしています。将来のことを考えるといくつかの問題がありました。明らかなことは第一に、彼らの中にできるだけ早くアトラス修道院に戻りたいという気持ちがあることです。第二に、他の共同体からボランティアが来る必要があることとです。第三に、フェス修道院が狭いので、別の場所に行く必要があることです。修道院を物質的にも霊的にも助けていくために、ジャン・ピエール神父と一人の大院長と顧問からなる臨時の小さな委員会をつくる必要があるかもしれません。

その日の午後二時半ごろ、一九七一年から聖母マリアご誕生教会司祭であるJ・C神父が挨拶に来ました。神父は、共同体の親しい友人であり、クリストフ神父が修道生活に召命を受けるようになった「父」でもありました。

三月十九日にアトラス修道院を最後に訪れたときのことを話してくれました。驚いたことに、兄弟たちはJ・C神父のために三つのお祝いを準備していたというのです。一つは、三月十五日に迎える七十九歳の誕生日、もう一つは神父の保護の聖人ヨゼフの祝日のお祝い、そして三つ目は、司祭叙階の金祝のためでした。

プレゼントは、神秘家ノリッジのジュリアンの著作『啓示』でした。最初のページには、修道院の紋章と、その回りに赤い文字で「すべてはよくなることになっています」と書かれた印章が押されていました。この言葉は、ジュリアンがいつも言っていた言葉です。

兄弟たちが捕らえられていた二カ月間、J・C神父は、この言葉の意味を考えていました。具体的には、どのようにしてすべてがよくなることができるのだろうか、ということです。これに対する答えははっきりしていました。死を受け入れ、それを神にささげることによって神に栄光を帰すか、修道生活を生き抜き、神をほめたたえるか、のどちらかです。

後にJ・C神父は、聖ヨゼフの祝日のためにクリストフ神父が書き残した講話の原稿を送ってくれました。

「いまやこれまでの人生の中で、このような平和を体験したことはありませんでしたし、いまほど神に近くいるとは感じませんでした。アトラス修道院は、私たちすべてにとって、つまりアルジェリアのキリスト者たちとすべてのアルジェリア人にとって恵みです。これから時がたつにつれて、このことがますます真実であるとはっきりしてくるでしょう。私たちには、殉教者が必要でした。そしていまや殉教者をいただいています」

アルマン神父に助けられて、三通の手紙をしたためました。一通目は、フェス修道院宛てです。そこにいる修道者たちを励まし、本会の自治共同体としての現状を説明するためでした。二通目は、内務大臣に宛てて。この一週間の間いろいろと助けてくれたこと、交通機関や安全への配慮に感謝の気持ちを表したものです。三通目は、フランス大使に宛てたものです。この二カ月の間忍耐強く貢献してくださったことへのお礼の手紙です。このような政府の公人の方々の働きは、とても大切なことと思っています。

夕食後、ふたたび、テシエ大司教、ジャン・ピエール神父、アルマン神父の三人と話し合いました。それから、大司教と一緒に、大司教の聖堂で終課を唱えました。

これでアルジェでの最後の日が終わりました。神が望まれるなら、明日の朝出発することになります。

六月六日　木曜日

午前六時三十分、教区秘書局のすべての人に別れの挨拶をしました。このような短い時間でとても強い絆が生まれたことは驚くべきことです。殉教した兄弟は、アルジェリアで苦しみ、そしてよろこんでいる教会と私たちを深く結びつけてくれました。

七人の殉教者は、私たちの兄弟です。同時にアルジェリアの人びとの兄弟でもあります。殉教者として、私たちのものであると同時にアルジェリアのものでもあります。神よ、この七人の兄弟が血を流す最後の殉教者となりますように。

P・L神父が空港まで車で送ってくれました。私たちがここに着いたとき警護してくれた護衛が付き添ってくれました。十時八分、アルジェリア航空の二〇二四便は、ローマに向かって飛び立ちました。

飛行中、私は目を閉じていました。頭の中にいろいろな人びとの顔や姿がうかんできました。たくさんのことを体験しました。七人の兄弟に尋ねました。

「あなたたちは、私たちにどんなメッセージを残したのですか」

その答えは、七人の生涯の中にあります。

七人の兄弟たちは、徹底的に福音を生きることによって、最期までイエスに従いました。イエスによって完全に変えられるまで、イエスの神秘へと沈んでいきました。ともに生き、ともに亡くなり、ともに永遠のいのちへと入っていきました。教会全体と、そして彼らの地元の教会と親しく交わりました。

時のしるしと、今日のさまざまな挑戦の本質を識別しました。特別な文化的文脈から、私たちの歴史的遺産を豊かなものにしました。宗教間対話への開いた心と積極的参加を、血をもって確実なものに――。

イタリア時間十二時三十分にローマのフィウミチーノ空港に到着しました。

総長　ベルナルド・オリベラ

第三章

第三の手紙

——その一　兄弟たちのことをふりかえって

一九九六年十月十二日

親愛なる兄弟姉妹のみなさま

私たちの七人の兄弟が殉教した三日後に、本会の元総長ドン・イニャス・ジレから一通の手紙を受け取りました。この手紙の中で、アトラス修道院の兄弟たちの殉教について触れてから、次のように書かれていました。

「本会の修道院には新しいいのちが流れているようです。（略）私自身が以前とは違っているとはっきりと感じています」

九十五歳の尊敬すべきイニャス神父は、私たちがわかっていない本会の状況についてよくわかっていました。彼の言葉には特別な意味があります。この何カ月もの間、福音を証しするという力強い流れが本会に流れています。つまり、いのちを与えてくれる流れ、励まし、目覚めさせてくれる流れ、刺激を与え、私たちの根源的な愛へと戻してくれる流れです。それは、生きている流れです。新しいいのちに向かって奮い立たせ、導かれていると感じさせます。以前とは同じではない、私もイニャス神父と同じように感じています。

これから、七人の兄弟をとおして私たちがいただいたキリストの恵みについて触れてみたいと思います。七人は、証しする方によって、証しをする人となりました。仲介者である方によって、仲介者となりました。兄弟たちの殉教のことを思い起こせば、善である方、力ある歴史の主を確認する手助けになると思います。

まず、何年か前に戻ってみて、主がいろいろな出来事をとおして語っておられることをみることにします。信仰という点から主が語りかけておられることに耳を傾けることにします。そうすれば、そのときの救いの歴史がはっきりと読み取れると思います。

それから、起きた事実について七人の兄弟に語ってもらいましょう。兄弟たちは、まだ私たちとともに巡礼の旅の途上におります。神の国で私たちを待っています。

背景

アルジェリアの問題は昨日始まったわけではない

一八三〇年六月五日、アルジェリアは、フランスに襲われ、軍隊によって征服されました。ほとんど同時にフランス領土となり、フランスの植民地入植者が入ってきました。十三年後の一八四三年、エグベル修道院の十二人の修道者がアルジェの西方のスタオウエリに定住しました。こうして厳律シトー会は、アフリカで新たに活動を始めました。

アトラスの聖母修道院は、一九三四年、ユーゴスラビアの解放の聖母修道院によって創立されました。初めの数年はいろいろな場所で試みましたがうまくいかず、最終的にティビリヌにエグベル修道院の子院として建てられました。

それから間もなくして、一九三八年にフェルハト・アッバスが「アルジェリア人民連合」をつくりました。アラブの伝統に基づいたアルジェリアの独立を目的とした運動でした。

五年後の一九四三年、彼は、フランス政府に独立したアルジェリア主権国家を認めるように迫りました。フランスは拒絶したので、フランス支配に反対する原因を生みました。

第二次世界大戦が終わった一九四五年、フランスは、アルジェリア独立を求めるいかなる行動をも弾圧しようとしました。この結果、一九五四年にフランスに対する戦争が始まりました。戦争の指導者は、ベン・ベラ、アイト・アーメド、モハムンド・ケディルでした。一九五九年七月、アトラス共同体の二人の会員マタイ神父とリュック修道士が誘拐されましたが、八日後に解放されました。

アルジェリアの独立の調印式は、一九六二年三月十八日に行われました。公式な独立宣言は、四カ月後の七月三日に発布されました。九月八日、国民解放戦線のベン・ベラが最初の大統領に選出されました。

一九六五年のアトラス修道院の記録は、その前年に修道院を閉鎖することが決定していたと伝えています。一九六四年一月の総会の議事録には、次のように書かれています。

「総長と総会出席者は、アトラス修道院が再建されることを自ら申し出るならよろこばしいことと感じている。このようにならなければ、総長顧問会がすでに決定した方針に従って、修道院閉鎖を実行する」

当時のアルジェのデュヴァル大司教は、この決定に強く反対しました。大司教は揺るぎない確信をもっていました。「砂漠はふたたび栄えるでしょう」とティマドック修道院の大院長に手紙を送りました。大院長は、アトラス修道院に修道者を何人か送るとすでに決めていました。一九六四年十月二十九日、大司教は、アトラス修道院を訪問したとき、「砂漠はすでに栄えている」と訂正しました。

一九六五年六月十九日、ベン・ベラ大統領は、クーデターによって失脚しました。ブメディエン大佐の率いる革命評議会が政権をとり、後に大佐が大統領に選出されました。一九七六年六月二十七日、国民宣言が公布。それには、アルジェリアは、アラビア語を国語とし、イスラムの信仰による社会主義国家であると、書かれていました。

その二年後の一九七八年十二月二十七日、ブメディエン大佐が亡くなりました。一カ月後の一九七九年一月三十一日、国民解放戦線会議は、ベンイェディト・カドリを大統領に選びました。彼は、一九八四年に総選挙で大統領に再選されました。

過去十年間、原理主義者の集団と、一九七六年の国民宣言に不満を感じている人びとが増えました。多くの政党がある中で、原理主義者の集団の一つ、イスラム救国戦線が一九九〇年六月の行政部の選挙で成功をおさめました。救国戦線は、選挙が成功したので、総選挙を要求しました。

総選挙は、一九九一年六月二十七日に行われることになりました。しかし、国内が不安定だったので、選挙は十二月二十六日まで延期されました。第一回投票で、国民戦線は、投票数の二十四パーセントを獲得しました。軍隊が第二回の選挙に介入しました。第二回目の選挙は一九九二年六月十六日に行われることになりました。カドリ大統領が退陣し、権力は、モハメド・ボウディアフが率いる国家高等委員会に引き継がれました。

イスラム救国戦線は、非合法であると宣言され、すべての政治活動が停止されました。救国戦線は地下に隠れなければならなくなったので、救国戦線の過激派、武装イスラム集団は、テロ活動を始めました。

一九九二年六月二十九日、ボウディアフ大統領が暗殺されました。

予期せぬ手紙——あなたは私をどこにお導きになったのですか

一九九四年一月十七日のことでした。その朝配達されたたくさんの郵便物の中に大きな封書がありました。表には何枚かのアルジェリアの切手がはってあり、クリスティアン神父の手書きの小さな文字が書かれていました。その手紙には、次のように書いてありました。

親愛なる兄弟であるベルナルド神父さま

出来事の完全な記録を留めた書類を同封しました。さまざまなことに関して総長さまにお伝えするために、総長館と連絡をするのは困難な状況でした。

「なにを優先にするか」について共同体と話し合うことを含めて、いろいろなことが急に起きました。クリスマスの夜の祈りが終わると、すぐに「ここを立ち去る」という納得のいく受け止め方が生まれました。脅威があるとすれば、まず私に対してであろう、とわかっていました。というのは、私が「決める人」であったし、また、今もそうだからです。

この受け止めは本当に幸せな女神でした。これから、共同体全体は、タメスグイダ修道院の友人たちのような残虐な死に遭う危険はなくなると思います。でもどのようにしたら、私たちの頭の中にある彼らの姿を消し去ることができるでしょうか。

いま、本当に静けさがあります。御子と聖母から来る平和です。また、私たちが二つの武装勢力の霊的な調停者・緩和剤になればという隣人たちの希望もあります。

この手書きの手紙と一緒に、次のようないくつかの文書も同封されていました。

・いろいろな出来事が時間順に書かれた文書。
・一九九三年十二月三十日付クリスティアン・ド・シェルジェ、ティビリヌ修道院院長からメーデーア名誉教区長宛ての手紙。
・一九九三年十二月三十一日の共同体の投票について（極秘）。
・一九九四年一月五日（午前六時）の状況。
・兄弟クリストフの報告。

私は、なにか重大なことが起きた、それは私たちが希望していたことではない、とすぐにわかりました。そこで電話をかけて、クリスティアン神父と個人的に話しました。神父の声は落ち着いていました。起きた事柄を説明してくれました。神父と話したあとで、同封されていた文書を読むために部屋に戻りました。

いろいろな出来事が時間順に書かれた文書

一九九三年十月
フランス領事館の三人の外交官が人質になった。解放後、三人の外交官は、武装イスラム集団がアルジェリアで生活しているすべての外国人を標的にしているという脅威の証人である。すべての外国人には「出国するために一カ月間ある」。多くの大使（ドイツ、ベルギー、イギリス……）は深刻な問題だと警告している。フランスは、アルジェリアを去る危険を冒したくないので、賢明であるように忠告している。

一九九三年十一月十七日
クリスティアンは、ワリ長官に呼ばれた。警察の護衛はどうかと示唆された。クリスティアンは、いかなる武力をも拒絶した。ただ夜間には門を閉めることには同意した。

一九九三年十二月一日
十二月という恵みの月に外国人が殺された。スペイン系ロシアの女性、イギリス人たちが暗殺された。

一九九三年十二月十四日
夕方、（修道院からあまり離れていない）タスメグイダにある水力発電所の（十九人のうち）十二人の、ほとんどクロアチア人からなる元ユーゴスラビア人が、五十人ほどのゲリラに喉を切られた。二人のクロアチア人が奇跡的に難を逃れた。キリスト者であるクロアチア人が犠牲者になった。これは、疑いもなく現在のボスニア紛争がからんでいる。彼らは、毎年クリスマスと復活祭の夜には修道院を訪問していた。共同体にとって本当に衝撃であった。

一九九三年十二月十九日
クリスティアンは、ふたたびウイラヤ県庁に呼び出された。ワリの庁舎で一時間の面談があった。タスメグイダの虐殺があったので共同体を守るために安全の措置をとることが強く求められた。「フランスで休暇をとる」か、県の費用で夜間にはメーデーアにある「警護されている「ホテル」に避難するか、修道院を武装するかと言われた。

このようなことは、とくに修道院にはまったく話にもならないことである。危険は減っていないと思っている。このような状況のもとで一時的であろうと修道院を出れば、二度と戻ることはできないと思っている。また隣人たちからも理解してもらえないだろう。

電話回線をよくすることは同意した。新しい番号になった。いろいろなところから来る指示に敏感になっている。幻想はもっていない。夜はいつもより早く戸締まりをすることにした。「修道生活を忠実に守る」という例外的な規定をいつも意識している。県庁がいうような「集団自殺」を回避しなければならないことも意識している。

修道院に留まるいくつかの理由を再確認した。ここで、そしていくらかは西欧と近東で対決している二つのグループの間で、いまは重大な時期にあることがわかる。

一九九三年十二月二十四日

午後七時十五分ごろ、「彼ら」がやってきた。三人が敷地内に入り、三人が塀の外にいた。みな武装していたが、だれも直接脅すようなことはしなかった。

客舎になだれ込んできた。そこには教区司祭のR・Q神父と三人のアフリカ人の学生、それに客舎係のポール修道士がいた。彼らは「ここの教皇」に会いたいと言った。彼らの一人が回廊に入ってきて、兄弟たちを集めようとした。二人の兄弟は見られないように逃れ、最悪の事態を恐れ、朝課まで隠れていた。クリスティアン神父が客舎に来た。長い間、隊長と話した。彼らがいるべきところではない「平和の家」に武器が持ち込まれたのは初めてであると言った。

隊長の善意をいつでも確認したいという気持ちを伝えたが、隊長は三つの条件を出した。クリスティアンは彼と話し合った。「おまえたちは選ぶことはできない」というのが彼らの答えだった。

彼らは今日がクリスマスだということに気づかなかった。彼らは混乱していた。彼らの目的は、明らかに私たちと妥協することだった。当局と連絡をとることはできなかった。今日は特別なクリスマスになった。

一九九三年十二月二十六日

共同体の集会があった。ほとんどの兄弟たちは、すぐに修道院を出ることに賛成した。準備をする時間もないのではないかと思っていた。私たちすべては、武装集団の革命運動を助けることは道徳に反すると考えていた。教会が引き受けることはできないことである。しかし、クリスマスの訪問者の一人は、武装イスラム集団が「キリスト者」と「外国人」とをはっきりと区別していると言った。

一九九三年十二月二十七日

テシエ大司教の訪問を受けた。大司教は、共同体の現状から見て、私たちが突然に修道院から出れば、同じ試練に遭っているすべてのキリスト者に与える影響が大きいと話した。大司教は、「徐々に」ことを運んだらどうかと示唆した。そうすれば、周辺の地域にこれからの準備ができるし、将来の安全を守ることにもなるということであった。けれども、この決定を主張するときではないと話をやめた。

一九九三年十二月二十八日

共同体は司教の見解に賛成した。三人の兄弟が精神的不安と勉学という理由で一時期修道院を離れることになった。他の兄弟たちは、今後しばらくしてから修道院を離れるために準備をすることになった。夕方、司教は、ワリ長官にこのことを知らせるために修道院をあとにした。

一九九三年十二月二十九日
クリスティアンが県庁に呼ばれた。安全措置が必要なことと、今後起こるかもしれない悲劇の責任をとらないという強硬な書簡を受け取った。そして返答を求められた。

一九九三年十二月三十日
共同体は県庁に返答した。

一九九三年十二月三十一日
何回も投票を繰り返して、共同体の今後も開かれた状態にしておく道を確認した。障害が起きないかぎり、とくに武装集団が求めることに関して私たちがなにも知らないので、修道院に留まる可能性を開いておきながら、武装集団との「協力」や、いろいろな段階的な処置を行うことを拒否することで強い合意ができた。また留まる場合はみな一緒に留まることとアルジェリアに戻る準備もしておきたいという点でも合意ができた。フェス修道院とはかなり離れている。

次に、「一九九四年一月五日の状況」と書かれた書類を見て「おや、これは」と思いました。内容は、八つのパラグラフからなっていました。七番目と八番目のパラグラフには次のように書かれていました。

七　これまで共同体の中で、各瞬間、深い一致を体験して生きてきた。共同の祈りの言葉と修道生活の諸要素をいただいてきた。それは、今ここで言うべきこととなすべきことをお示しになっている神からの真の賜物である。医師でもあり長上でもあるリュック修道士にはどうしても必要な役割がある。

八　したがって、この数週間、私たち六人はここに留まっている。この少ない人数にとってはとくに都合がよい。客舎を一時的に閉鎖した。クリストフ神父の監督の下で直接財産管理の仕事をしている協力者たちの支えに頼ることができる。物質的な段階では、隣人たちと同じように収支を合わせるために、帯を堅く締めなければならないことになると思う。

この書類を読むにつれて、状況の重要性と理解が増えてきました。自分がアトラス修道院にいるかのように思いました。読むにつれて、クリストフ神父が語りかけてくるのです。


クリスマスは、他の日と同じではない。

これまでどおり意味にあふれている。

マリアさまのように、これまで起きたことを思い巡らしました。マリアさまのみ心で始まった回心を続けています。その意味は剣のように私たちを貫いています。みことばは、体と血が流れているこの共同体に宿り、ここでいま語っています。

イエズス会のサンソン神父さまによる本共同体の黙想会がちょうど終わったところです。神父さまは、良心の究明と祈りの要点について話されました。私たち一人ひとりは、みな行いをあらためようと決心しました。私は、すべてあなたのものです。つまり愛をゆだねるという決意です。毎日その愛をいただいています。それを受け取り、食し、飲んでいます。これが、あなたのためにささげた体です。あなたとすべての人のために流された血の杯です。

私の決心。キリストによって、キリストとともに、キリストのうちに生きること。

私たちは、いまこの「エピクレシス」の状態にいます。

私は、いくつかのことを学びました。とくに主の奉仕の学校はクリスマスの休暇で休みであるということです。キリストは私たちの教師です。教会がどんな意味をもつのかを学びました。つまり、今、まここに、現存なさっておられるキリストに語りかけるこの体の中にはっきりと存在する大きな幸せの気持ちを学びました。その夜一緒にいてくださった方は、教区司祭のRと三人のアフリカの神学生でした。一九九一年のクリスマスをお祝いするためにいらっしゃっていたクロアチアとボスニアの方々もおりました。

教会がどんな意味なのか私は学びました。教会が苦しみ仕えるお方の花嫁としてあがめられていることがわかりました。サボアから来た友人のフェルナンドもおりました。

私たち一人ひとりはこの出来事をどうにか生き抜きました。それによって困難を受け入れながら、お互いに身近な人になりました。朝になると、考えを一致させようとすることがばかげていると思うようになりました。一人ひとりみな深く重い現実を体験しました。みなその体験を統合してみようとしました。そこにはともに旅をし、知恵と恵みのうちに成長した「私たち」がいました。みなこれまでの場所を追い立てられて、修道的修練を受けたのにもかかわらず、これまで行ったこともない場所に導かれました。

信仰の神秘は、深く、愛による忠実の神秘です。自分が尊厳も美もないこの体の一部であることに深く心を打たれました。

私たちの教区長であるアンリ・テシエ司教の訪問を受けました。まずミサを司式していただきました。その後お話を聞き、恐れている羊を司牧する羊飼いの不安な心を思い巡らしました。私たちがはっきりとした解決策がない状況にいることを案じながらお帰りになりました。私たちは、ふたたび一人ひとりの良心を尊敬しながら、なんの手立てのないまま、ともに従順でなければと学びました。

またほかのことも学びました。それは、これまでたくさん書かれてきたことです。私自身には、このことについていくつか考えがありました。それは、修道者の問題です。まず教会がある、そしてこのキリストの体に私たちは属しているということです。私たちが他の人よりもよい人ではない、英雄でもない、特別な人でもないことを知っています。ここアトラス修道院でこのことをとても強く感じました。でも、教会の一部であるという私たちのあり方には特別なものがあります。つまり、事が起きたときの対処の仕方、それがいつ起きてもいいように心の準備をしておく、そして実際にそれを切り抜けることです。それには、神の真理と愛に応えながら、なにかをすることではなく、ここにしっかりと存在することという自覚が必要です。私たちは永遠と直面しているのでしょうか。しかし、本院の紋章が示しているように「山上のしるし、アトラス修道院の聖母」がおられます。

生きていく特別なあり方についていくらかわかりました。つまり、隠世共住修道者のあり方です。この生活は、変化をきらいます。しかし続いています。修道者を支えています。さらに具体的にいえば聖務日課を守っています。詩編の言葉は、変化をきらいます。暴力、苦痛、偽り、不正の状況を表しています。そうです。敵がいるのです。毎日増加している犠牲者についての思いを踏みにじることなしに、そうした敵を愛するなどと安っぽく言えません。聖なる神、強い神が助けに来ます。急いで助けに来てください。

同時に、勇気づけの言葉、慰めの言葉、希望を与えてくれる言葉を受けます。このときこそ、聖書を読むことが力になります。意味があるのです。この意味を受け取り、感謝しなければなりません。感謝して受け取るなら、意味は成し遂げられます。神がおられます。これは、私たちにとって、意味に満ちていることです。意味は完全に成し遂げられます。愛は、十字架という形で現れています。

聖ベネディクトの戒律の中で役務がはっきりと強調されている人がいます。その人は大院長です。大院長には、神のいのちを与えてくださる神の場があります。この役務は、修道者の一人である大院長がもっています。大院長には、特別で、基本的には世俗的な名称「ムシュウ・クレティィエン」という名称があります。これは、パスワード、過越の言葉です。この人は、聖母と結ばれている人です。「私は一人で通り過ぎます」。この人によって、子としての、兄弟としての孤独が聖母を身近に感じさせます。これはとても難しい使命です。大院長にも、修道者一人ひとりにも重くのしかかっています。少しつぶされそうです。疲れます。早くベッドに入ります。もちろん仕事は信仰の一つです。

主イエス・キリストの福音によって、私たちは、少しずつ真の修道者になっていきます。これは、霊的なインカルチュレーションです。隣人や国家と共生・協力することには、私たちにとって益になることが大きいです。視野の広がりを与えてくれます。たとえば、Aさんがいます。夜が来て、その人は家に帰ります。翌朝来ます。W・Rさんは、昨日T・Mさんとリンゴの木の手入れをしました。その日は、ご公現の祭日でした。新年を祝うためにトラピスト信徒会の集まりがあった日でした。M・Hさんが農作業の主任になった日でした。

このように書いてきたことをゆるしてください。でももう少し書いていきたいです。それは、一緒に食べ、一緒に飲むことについてです。岩石から取れる蜂蜜かのように（略）特別な注文によってのみ提供される（略）医者のフレンチ・フライです。リュック修道士のことでしょうか。そうです。彼は危険に対してまったく無防備な人でした。一九九四年一月一日は、元旦であると同時にリュック修道士の八十歳の誕生日でした。彼が埋葬されるとき使ってもらいたいと録音しておいたカセットを、食堂で聴きました。「私には後悔がない」というエディット・ピアフの歌でした。今日クリスティアン神父の「日記」を読み直して、あのクリスマス前夜の彼の体験を追体験しました。

一九九三年十二月二十五日
クリスマス。
真っ暗な夜。
明けの明星が一人ひとりの顔を照らしている。
みな生き生きとしている。
光が暗闇の中で輝いている。暗闇は光に打ち勝つことはない。
ここで神から生まれ、神の子になる力によってしっかりと立つことで十分である。
私たちになにが起きたのだろうか。
あなたは、すべてを超えているお方、思いもよらないお方、私たちの渇きを示してくださるお方。
おお、おいでになっておられます。
ご覧ください。私はすぐに行きます。
私たちの心は、そのお方にとらえられています。
私たちが恵みの流れについていけるように、そのお方は留まっておられる。

（クリストフ神父の報告）

数日後、つまり一九九三年の大晦日、ふたたびクリストフは書いています。

一九九三年十二月三十一日
マリアよ、あなたのみ手によって、アルジェリアの教会よ、あなたのみ手によって、
十字架にかかった愛のお方に自分をささげます。
道であり、真理であり、いのちであるあなたに愛され、あなたにささげられた者として
あなたが私を認めてくださるために。

一月十五日に、クリストフは、大切な問いかけをし、『聖ベネディクトの戒律』を注解することでそれに答えています。

一九九四年一月十五日

誠実はどこにあるか。従順な方はだれか。

その方は、「私はこの場を離れない」と自信をもって言い、はっきりと宣言している。けれども「私は行きたい」と言ってもここに留まっている方もいる。その方は、あなたの教え（今日の福音）の中で、（おそろしいが、確実に近づいている）死に至るまでこの修道院の中で、あきらめない。そして忍耐のうちにあなたのお苦しみにあずかっている。

おお、私たちの過越であるキリストよ、あなたのみ国で報われるために、「仲間たち」、新しいご聖体、キリストとともにいる人たち。

死ぬまで修道院にいるのだろうか。そうだ。あなたが望まれるなら、そしてあなたが望まれているのだから、あなたの教えを生き生きと忠実に守りながら。この教会で、このときに聖霊が語りかけることを忠実に守りながら。

一九九四年一月十六日

夜、あなたのために、「おまえをゆるす」と自分への語りかけにどこまでも仕えると表明した。これは、私の体があなたのためにあること、そしてあなたが私の体のためにあることだ、とわかっているだろうか。私は、あなたと結ばれているかどうか言うことができない。ただ涙を流して、あなたから離れないようにと願うだけだ。

あなたは、御父から来て、私に与えられた私の内なる息の神殿。私は、私のものではない。私の内なるマリアは、すべてを放棄することを保証している。マリアによってその放棄は完全であり、根源的である。私はマリアのそばにいる。だから、私の体であなたをたたえることができるようになっている。

今朝、長い間クリスティアンと話した。その中でクリスティアンは、自分の死はここで愛している人びとのせいだとは思っていないと言った。

彼は、ミサの中でリュック修道士の祈りを思い出した。「主よ、心の中にひとかけらの憎しみもないまま死ぬことができるようにしてください」

またS・Pは、イエスの言葉を自分に当てはめた。「だれも私のいのちを取り去れない。いのちを与えるのは私である」

R・Q神父の言葉。
「はいと言う三分間」

二十四日の晩に起きたことを話すためにクリスティアンのところに行った。二十四日の出来事は、初めての避難体験だった。それから待機体験だった。そして地の底から出現する体験だった。

あなたは私をどこにお導きになったのですか。それは生き続けることを受託することだ。
でも私の兄弟たちの死を受託するように求めたのですか。

（クリストフ神父の報告）

第四章

第三の手紙

——その二　一九九三年　クリスマス前夜の出来事

ここからはアトラス修道院の生存者、ジャン・ピエール神父とアマデウス神父の話です。

読みやすくするために、私は二人の話を書き直しました。細かい部分は何カ所か省略しました。

二人の体験から何年かたつうちに、二人の話はより客観的なものになりました。けれどもそのときの体験から生じたいろいろな感情はしっかりと表現されています。

誕生から誕生へ

（ジャン・ピエール神父の手紙）

親愛なる総長さま

この手紙で私は、一九九三年十二月二十四日にイスラム武装集団隊長サヤ・アッティヤとその仲間がアトラス修道院にやって来たことについてお知らせいたします。私が体験し記憶をしているそのままを書き記します。この出来事は、私たちの共同生活の一つの転換期となりました。そのことは、兄弟クリストフ神父の次の詩によく表れています。


うるさい音をたてる赤いトラクターの前まで戻ってくると、最初の「ドア」が開いた。

あなたの信仰によって示された開放への信頼に身をゆだねた。

あなたのほほえみという平和がわかった。

そしてあなたのみ顔のみことばの輝きが大好きだ。それはとても美しく、とても単純だ。

そのようにお話しになったのはあなただ。

「心の中はこのようなものだ。
つまり、すべてのドアをすべてひろく開けておかなければならない」
心の中で思った。神の福音は驚嘆すべきものだと。
私たちの間には聖書が開かれている。
次の「ドア」が開いたとき、まず聖書を前にして、私は身震いした。
聖書はこんなにも無窮なるものだった。馬小屋と同じように親しく貧しかった。
あなたは、この馬小屋の中を見せてから、その神秘の中に入れてくれた。
神秘とは内面に向かう傷である。
あなたは、さらに奥に招き入れてから、神の国の避難所を約束した。
あなたと私との間にある未来という時間は、大きく開かれた沈黙だ。

総長さま、ごめんなさい。私はすべてのことを書かなければなりませんでした。途中で止めるわけにはいきませんでした。この詩は、たくさんのことを示しています。とくにこの出来事が起きたあとにもう一度お読みくださるとき、それがおわかりになるでしょう。
クリストフ神父がこの詩を書いたとき、すでに自分に起きることを告げています。この詩には、ドアという言葉が括弧書きで書かれています。じつに神秘的です。この二つのドアは、詩の二つの節が未来に向かっていることからわかるように時間的な順序で書かれています。「身震い」という動詞が書かれていますが、それは、最初の反応です。その後すぐに、よろこびとゆだねる気持ちが書かれています。この部分はとても美しく、多くのことを告げていると思います。詩の終わりは、「あなたは、さらに奥に招き入れてから、神の国の避難所を約束した」という言葉です。これは、本当に起こったことです。神父はそのことがわかったのです。そして言っています。「あなたと私との間にある未来という時間は、大きく開かれた沈黙だ」という言葉で終わっています。

愛をもって。

兄弟ジャン・ピエールより

文脈

イスラム原理主義者の武装集団はすでに次のように発表していました。つまり、一九九三年十二月一日までにすべての外国人は本国から立ち退かなければならない。そうしなければ、殺されることになると。すでに十二人のクロアチア人が近くのタメスギダという村の野営地で喉を切られて殺されています。この出来事は、十二月十四日夜の十時半ごろに起きました。彼らが殺されたのは、キリスト教徒だったからです。ボスニアでイスラム教徒が虐待された復讐でした。

一九九三年十二月二十四日午後七時ごろ

（ジャン・ピエール神父の話）

修道者たちは、お告げの祈りのあと、寝室に戻っていました。この夜、終課は唱えられません。クリスマスの読書課が十時四十五分に予定されていたからです。客舎では、R・Q神父と一緒にメーデーア県の職員養成センターの三、四人の学生がすでに到着していて、真夜中のミサにあずかる準備をしていました。当時客舎係をしていたポール修道士は、そのとき一行とともに客舎の食堂にいました。私は、香部屋係であったので、香部屋でクリスマスの読書課と真夜中のミサの準備をしていました。セレスタン神父は掲示板のところでいそがしく読誦の準備をしていました。そこは、聖堂近くの禁域内の端にありました。小さなドアがあり禁域内の庭園に通じていました。この庭園の反対側の端には修道院の玄関があります。

香部屋のドアが開いていたので、セレスタン神父が小声であわただしく話しているのが聞こえてきました。「神父に話しているのはだれか」と思っていると、しばらくして私の名前を呼んでいるのが聞こえました。

「ジャン・ピエール、こっちに来て」

行ってみると、ドアの近くで手にカラシニコフ・ライフル銃を持った軍服の若い男の姿が見えました。神父のそばに立っていました。私はすぐに状況がわかったので、男のほうに向かっていき「どうしたのですか」と尋ねました。

この男は玄関から入ってきて、庭園の奥に明かりが見えたので、庭園を横切って来たらセレスタン神父の姿が見えたのです。神父はどのように対応したのでしょうか。神父は、突然武装した男が現れたのでびっくりして、低い声で話しかけたに違いありません。

「どうしたのですか」と私が問いかけると、その男は、フランス語がわからなかったらしく黙っていました。その男はセレスタン神父に関心があったようでした。そこで私は仕事に戻ろうとしました。そのとき私は、祭壇の準備をするために、祭服、カリス、ぶどう酒と水を入れた小瓶を乗せたお盆を聖堂のほうへ運んでいるところでした。

その男は「こっちへ来い」と呼びました。男が銃を撃つと思ったので、私たち二人は言うことを聞いたほうがよいと思いました。お盆を置いて男のほうに行きました。

（アマデウス神父の話）

ミッシェル修道士がお告げの祈りの鐘をならしたあと、私は、聖堂を出て台所に行きました。修道院の庭園から摘んできたライムの花のおいしくてあたたかいお茶を準備するためでした。よく眠れるためです。午後七時四十五分ごろ、台所から出て、回廊を通って自分の部屋に向かいました。部屋は、リュック修道士の大きな部屋の近くでした。彼の部屋にはいくつかの大きな白いプラスティックの箱の中にたくさんの薬が保存されていました。

回廊に出ると、食堂の小さな鐘の近くでセレスタン神父が武装した軍人の後ろに立っているのが見えました。ポール修道士が先に立って、みな玄関のほうに向かっていました。私は三人のところに行って、セレスタンに低い声でこの人たちはなにをしたいのかと尋ねました。彼は「服装を見なかったのですか。イスラム武装集団ですよ」と言いました。その男は振り向いて私に「みんな客舎のほうへ」と言いました。

ポールは、私の前を歩いていましたが、「院長さまはどこですか。会いたがっています」と言いました。私は、すぐに「客舎にいます」と言いました。修道院で働いている人の部屋のところに来たとき、その男は私の袖を捕まえて引っ張りました。私たちみんなが客舎に集まるとたいへんなことになると思ったので、客舎には行かないと決めました。そこでその男と一緒に行くふりをしながら、まだ開いている修道院の玄関を閉めようと玄関のほうへ行きました。外で待っていた兵士たちが近くにいましたが、なんの行動もとりませんでした。

私は、背を向けようとしましたが、自分で閉めた使用人の部屋の近くの大きな鉄の玄関のところから回廊に入りました。振り向くとクリスティアン院長がおりました。すぐに、武装集団が客舎で院長を待っていると伝えました。院長は、「はい、わかっています。急がないようにしましょう」と言いました。きっと十二月一日に書かれた「遺書」の初めのところを考えていたのだと思います。
その「遺書」は、私たちが空港に着くのをアルジェのメゾン・サン・オーガスタンで待っているときに書かれたものです。その日は、イスラム武装集団がアルジェリアのすべての外国人を死のターゲットにすると最後通告をした日でした。

いつの日にか起こるであろう。それは今日かもしれない。私のいのちは神とこの国にささげている。（略）その時が来たら、神と仲間の修道者たちにゆるしを願うことができるように、明晰な心をもっていたい。

クリスティアン院長は、ゆっくりと客舎に向かいました。なにが起きているかわかるように小さな明かり窓だけ開けてふたたび門を閉めました。客舎と聖堂の入り口のランプのほかは院内のすべての明かりが消えました。
すぐに院長が「山の兄弟たち」（近隣の人びとは武装集団を山の男という意味のドジェベリと呼んでいましたが、修道士たちは山の兄弟と呼んでいました）と一緒に戻ってきました。二人は、低い声で話していました。聖堂の入り口に置かれている聖母像の前で立ち止まりました。この像は、パリのデュ・バック通りの訪問会修道院にあったもので、その後スタオウエリ修道院からここに運ばれてきたものです。

二人の姿がよく見えました。長い間話していました。「山の兄弟」の手のほかは動きがありませんでした。その男は、アラブ人のジェスチャーを交えて話していたのです。そのときはわからなかったのですが、その男はサヤ・アッティアといって怖い隊長でした。数日前にクロアチアの兄弟たちの喉を切り裂くように命令を出した男でした。

話の内容はわかりませんでしたが、二人の話し声が聞こえてきました。心配しながら待っていました。ようやっとその男は、客舎にいた二人の部下を呼んで立ち去りました。

（ジャン・ピエール神父の話）

ミシェル修道士は、真夜中のミサのあとに訪問者たちにあたたかい飲み物を用意するために台所にいました。ミシェルは、回廊に出てきたら、使用人の部屋のほうに私たちを連れていった男のあとについて来るように言われました。私たちはどうしたらよいかわかりませんでした。いや、わからないというよりは、「私たちの番が来た」と考えたというほうがよいでしょう。私たちが使用人の部屋の庭に着いたら、ポール修道士が走って来ました。すでに武装集団が院長に会わせろと要求している客舎から出てきたのです。ポールは、院長を捜しに行きました。

院長は、自分の部屋にいました。そこで私たちは、客舎の入り口に立っている武装集団と会いました。R・Q神父と現地の人、それに武装した二人の男がいました。そのうちの一人は、ターバンをつけていました。この男がサヤ・アッティアでした。そのときは、その男の正体がわかりませんでした。でもクロアチアの人の喉を切り裂いたテロリストだということはわかりました。

クリスティアンは、来るとすぐに叫びました。

「ここは平和の家です。いままでだれも武器を持って来た人はいません。私たちと話をしたいなら、どうぞ入ってください。けれども武器は外に置いてください。それができなければ、外で話しましょう」

サヤ・アッティアはクリスティアンを客舎と外の道に通じている中庭の門の間に連れ出しました。そこで二人は話を始めました。話をしているときサヤ・アッティアはいくつかの条件を出したそうです。院長はその条件をあとで私たちに話してくれました。

院長とサヤ・アッティアが話をしている間、私たちは、別の二人の「山の兄弟」と話をしました。その男は、客舎のドアのところに立っていました。彼らとおもに話したのはR・Q神父でした。彼はアラビア語がよくわかったからです。話の内容は次のようなものでした。

「われわれはいまの政府を好まない。腐敗し反宗教的である。だからイスラム政府を樹立しなければならない。あなたたちは宗教的な人であるから、心配しないでいい。傷つけることはしない」

修練者のP修道士は台所の通路からこの場面を目撃していましたが、心配になりクリストフ神父のところに走っていって、排水溝の隣の地下室の中の大きなタンクのところに隠れようと神父を引っ張りました。

クリスティアンの話は、十五分ぐらい続きました。その間、外の道で三人の男が見張っているようでした。男たちは、そこに居合わせた土地の若者たちと話をしているようでした。当時は、全体的に労働者たちは山の男たちに好意をもっていました。首領は、クリスティアンとの話が終わったとき、私たちに手を振って立ち去りました。私たちの何人かは、その手がクロアチアの人びとの喉を切り裂いたのではないかと思って、気分が悪くなりました。

私たちは九死に一生を得ました。リュック修道士は部屋でおだやかに眠っていました。その夜、一人の司祭が泊まっていました。その司祭はなにも疑っていませんでした。R・Qとクリスティアンは院長室で長く話していました。私は、香部屋と聖堂の準備のために戻りました。セレスタンももちろん持ち場に戻っていました。二人の兄弟が地下室のタンクから戻っていました。だれも喉を切り裂かれませんでした。クリスマスの夜の典礼が決まったように始まりました。けれども、「山の兄弟たち」がやって来たことで祈りの雰囲気が落ち着きませんでした。

クリスティアンは「山の兄弟」と話したあと、彼らの訪問の目的を説明してくれました。

一、おまえたちは金持ちだから、われわれが頼むときは金を出さなければならない。
二、おまえたちの医者が来てわれわれの負傷者と病人を治療しなければならない。
三、薬を渡さなければならない。おまえたちは信心深い人間だから、イスラム政府樹立のためにわれわれを助けなければならない。だから、われわれが要求したものを持ってこなければならない。

この要求に対して、クリスティアンは返事をしました。
「私たちは金持ちではありません。日ごとの糧を得るために働いています。私たちは貧しい人を助けています。リュック修道士をあなた方のもとに行かせることはできません。彼は老人です。そのうえぜんそくを患っています。修道院の診療室に来るけが人や病人の世話はできます。それについてはなんの問題もありません。困っている人ならだれにでも差別することなく診療します。患者がどのような人かなどまったく心配しません。薬については、病人すべてに必要なものを与えています」

それからクリスティアンは、キリスト教の祝日であるキリストの誕生を祝う準備をしているところだと首領に告げました。首領は、「このようなときに来て、申し訳ない。そのことを知らなかったのだ」と返事をしました。別れるとき「また来る」と言いました。

（アマデウス神父の話）

クリスティアン神父は院長室に戻りました。R・Q神父が一緒でした。R・Qは、メーデーアの近くの行政官養成センターの三人のアフリカ人の学生と一緒に客舎にいました。学生はたまたま、真夜中のミサにあずかるために集まっていたのです。

クリスティアン神父とR・Q神父は、この出来事について話し始めました。私は二人の話を聞いて、「山の兄弟たち」の行動のいくつかの理由がわかり始めました。つまり首領の要求の内容は「おまえたちは選択することができない」という言葉に表れているということです。

クリスティアン神父が修道院内に入ることを断ったからですが、武器を持って客舎の中に入らずに、外で話していた理由がわかりました。院長と首領が話をしている間、もう一人の「山の兄弟」が通路でQ・Rと話をしていました。

そのときセレスタン神父がとてもあわてて、院長室に入ってきました。セレスタンによると、聖堂の入り口のところにある小さな戸棚から音楽のCDを出そうとひざまずいていると き、鉄砲で狙われたそうです。それからひざまずいたままで「山の兄弟」のところまで来るように命令されたそうです。それからおそろしいその男が立つように言いました。セレスタンは最期の時がきたと思いました。

私はほとんどすべてのことがわかったので、自分の部屋に戻りました。リュック修道士の部屋の前を通ったとき、静かにドアをノックしました。彼は目を覚ましましたが、前日に病人の世話をしたのでとても疲れていました。「どうしたのですか」とぶっきらぼうに応えました。

私は静かに部屋に入り、大騒ぎにはならなかった出来事を伝えました。マリアの御子、平和の君であるイエスのご誕生を祝おうとしていたクリスマスの夜に修道院にやって来たことを冷酷な首領サヤ・アッティアは庭でクリスティアンから聞いて謝りました。けれども彼は「必ず戻ってくる。われわれが入る許可証をくれ」と言いました。クリスティアン神父が困った顔をすると、「よろしい。クリスティアンさん」と言い、それから修道院の中にいた二人の部下と外にいた三人の部下を集め、行ってしまいました。

リュック修道士は、いつものように騒ぐことなく両肩をすくめていました。私は、隣の自分の部屋に戻り、読書課を待っていました。ほぼ午後十時でした。でも眠れませんでした。十時半に、クリスティアン神父は起床の鐘を鳴らしました。

あとで話してくれましたが、私たち全員が喉を切られたと思っていたP修道士とクリストフ神父は、鐘の音を聞いて隠れていたところから出てきて、聖堂でみな一緒になりました。十時四十五分、幼子イエスと御母マリアにすべてをゆだねて読書課を唱えました。

(ジャン・ピエール神父の話)

「山の兄弟たち」が共同体にやって来た第一の結果は明らかです。来る日も来る日も、彼らがまたいろいろな要求をつきつけてやって来るのではないかという不安でした。彼らがやって来てから、修道生活の召命に関係がなくても、またアルジェリアで生活することに関係がなくても、たとえどのような理由があっても、要求を聞き入れないことを決めました。

あるとき私たちを賠償金のために捕まえにきたら、彼らの要求から一時的にも自由になるためにその金額を支払って、すぐに修道院から離れることに決めました。なんの警告もなくすぐに立ち去る場合の対応方法の計画もたてました。

そしてどのようにしたら安全な行動がとれるかについて考えてみました。そしてまた修道院を立ち去ってからどこで再会するかも考えました。

しばらくの間、修道者の人数を少なくすることに決めました。二人を家族と会わせるためにフランスに送りました。まだ神学生のPはアルジェに送られました。すぐに計画の準備を始めました。以前、関連なく別々に考えていたことをまとめました。

その一つは、定住の誓願があるからこそ、私たちは一致しているということでした。定住とは一つの場所に留まっていること以上に、私たちを結びつけているということでした。つまり、仮に修道院を離れなければならなくても、共通の召命を追求していくという意図をもって、そしてイスラム教徒の中で生活することを最優先させて、どこか別の場所で一つになるということでした。

次に同じ定住の誓願には、この試練のときにアルジェリアの教会とアルジェリアの隣人たちとの目に見える絆のしるし以上のものがあるということでした。この場所で私たちの使命を果たすように教えてくださった私たちの主であり師であるキリストのおかげで、従順の誓願が私たちを一致させているということです。

私たちには、イスラム武装集団の命令に従う義務がないということです。隣人が私たちが立ち去ることを望まないかぎり、愛の契約によって、いろいろと異なっている状況を共有して、彼らのところに留まるということです。警察や軍隊のような組織に守られることなく非武装で留まるかこの町から脱出するという選択は「オオカミの中にいる小羊」という福音に従う決心でした。

私たちの唯一の武器は神の愛に忠実であって、人間の心の中で働いている聖霊の力を信じることでした。また人びとの善意を信じることでした。善意の人は、こんな危険なところでも、私たちを信頼と希望をもって理解し、私たちの心の緊張を解き放ってくれます。

私たちと近隣の人びとの間で、一九九四年と一九九五年の二年の間構築しようとしてきたのは、このような関係でした。けれども、おそろしい影のように私たちは危険であるという気持ちが大きくなっていきました。リュック修道士の診察室に助けを求めてやって来る近隣の人びとには少しも危険のしるしはありませんでした。危険は、突然にそして思わぬときにやって来ました。まったく予測もできませんでした。

アルジェリアから大きな封筒を受け取ってから四日が過ぎていました。アトラスの共同体に行くために、クリスティアンの手紙に返事をしました。

親愛なるクリスティアン神父さま

十二月と一月の初めのアトラス修道院で起きた出来事を詳しく書き記した手紙を受け取ってから、また電話で話し合ってから、あなたとアトラスの兄弟たちがいつも私たちの思いと祈りの中にいることをお知らせしたかったのです。

総長館の共同体の人たちはみな、あなた方に起きたことを分かち合っています。あなたは、総長館共同体の人びとをみなご存じです。ですから、その人びとの兄弟的支えと祈りを確信しているでしょう。あなたが手紙で書いているように、あなた方が共同体の中で深い一致の体験のうちに生活していること、そしてすべてのことを一瞬一瞬、神からの真の賜物として受け取っていることがよくわかります。

でも、これからまたいろいろな出来事が起きることを予測することができません。しかし、あなたがいまこの瞬間の恵みを生きていくあり方によって、主があなたとともにおられることをあなたはしっかりと確信しています。

「わたしは世の終わりまであなた方とともにいる。（略）二人または三人がわたしの名前によって集まるとき、わたしはその中にいる」

総会の初めの講話で話しましたように、すべての障害を乗り越える予測もできない手段を使って、またあなたのものであり、私たちのものである歴史の中で救いの恵みをもって働いてくださる主は、あなた方とともにおられます。

兄弟であるあなたを抱きしめて。

一九九四年一月二十一日

ベルナルド・オリベラ

7人の殉教の後日。ベルナルド・オリベラ神父（右）とアマデウス神父。

第五章

第三の手紙

——その三　神の子らの生活ではすべてのことが復活祭

これまで見てきたように、一九九三年のクリスマスの前夜は「聖なる夜」でした。私たちの七人の兄弟にとっては完全に予測もしていなかった夜でした。そして一九九六年三月二十七日、火曜日から水曜日にかけての四旬節の夜に起きたことも同じように予測できないことでした。

四旬節中の襲撃

一九九五年十一月末ごろ、クリスティアン神父はすべての兄弟の名前で次のように書き残しました。

死の現存。伝統的にこれは修道者の絶えざる友です。死が友であることは、これまで受けた直接的な脅威をもってより具体的なはっきりとした姿で現れました。暗殺と確実な襲撃です。たとえ面倒なものだとしても、これは真理の有効な試練として私たちに現前しています。

一九九六年二月二十七日、「さらわれる」一カ月前に、私はクリスティアン神父と共同体に、最後となった手紙を書きました。けれども共同体の兄弟たちはこの手紙を受け取ることはありませんでした。アルジェに滞在しているときこの手紙が戻ってきました。そこでアマデウス神父と一緒にその手紙を読み直してみました。

「来たる十月の総会でお会いいたしましょう。その間、復活祭の準備においそがしいことでしょう。復活祭は主のご復活の力とよろこびにあふれています」

四旬節中の三月二十六日の朝十時ごろ、アンドレ神父と一緒にオランダのティルブール修道院に到着しました。その翌日二十七日の朝、ローマからアルマン神父の電話が入りました。それは、前夜にアトラス修道院で起きた出来事でした。

その日の午後二時四十五分アンドレ神父が電話でアルジェのテシエ大司教と話をすることができました。その十五分後、アトラス修道院のジャン・ピエール神父と話しました。この報告が入ったことは、出来事の意味を直接に理解するために役に立ちました。ただちにアルマン神父に知らせ、本会の地方協議会の会長と本会のすべての修道院に緊急報告をしてくれるように依頼しました。

こうして長く待つ時間が四旬節と復活節の間続きました。待つ時間が終わったのは聖霊降臨祭の少し前でした。つまり一九九六年三月二十七日から五月二十三日まででした。連行されてからちょうど一カ月たった四月二十七日にイスラム武装集団から「コミュニケ43」が発表されました。彼らは人質の交換を言ってきました。コミュニケの最後の言葉には少し希望が見えました。
選択はそちらにある。おまえたちが解放すれば、われわれも解放する。捕虜を自由にしなければ、われわれわれの捕虜の喉をかき切る。

教皇ヨハネ・パウロ二世は三月三十一日枝の主日に、修道者たちを安全にそして健康で修道院に戻すように、アルジェリアの友の中でふたたび奉仕活動ができるようにと話しました。

二週間後、教皇は、チュニスを訪問し聖母に祈っているとき、修道者を自由にするように懇願を繰り返しました。労働者聖ヨセフの祝日の五月一日に、本会のすべての共同体は私たちの兄弟が自由になるために、またアルジェリアの平和のために、祈りと悔悛をささげました。

こうして五月二十三日を迎えました。イスラム武装集団の新しいコミュニケは次のような言葉で終わっていました。

われわれは七人の修道者の喉をかき切った。（略）五月二十一日の今朝、執行された。

三月二十六日と二十七日の間の四旬節の夜に起こったことは正確にはどのようなことだったのでしょうか。私がアルジェを訪問している間、ジャン・ピエール神父、アマデウス修道士、そしてL・M神父と話す機会がありました。そして、その夜修道院で体験したすべてを書き留めてくれるように三人に依頼しました。これからの報告は、三月二十六日から二十七日にかけての夜にこの出来事を生き抜いた人たちの言葉です。

（ジャン・ピエール神父の話）

一九九六年三月二十六日火曜日から四旬節第五週

聖体拝領のとき、共同体で一緒にご聖体を祝いました。その日の福音はヨハネ八章二十一節から三十節まででした。

イエスは「わたしは去って行く。あなたたちはわたしを捜すだろう」と別れの言葉を言います。心のかたくななユダヤ人に対して、イエスは、ご自身の死とその死がどのように起きるかを予告します。またお亡くなりになると、高く上げられるとおっしゃいます。同時にご自身の確信と内的平和を示します。「わたしをお遣わしになった方は、わたしと共にいてくださる。わたしをひとりにしてはおかれない。わたしは、いつもこの方の御心に適うことを行うからである」

真夜中に兄弟たちは、この言葉を聞いて黙想していましたが、その翌日、同じ神秘の中で自分たちになにが起こるかは、だれにもわかりませんでした。

一九九六年三月二十六日の夜から二十七日

私は夜の当番だったので、裏門に隣接している使用人の部屋で眠りました。この入り口は、夕方の五時半から朝の七時半まで鍵がかかっていました。五時半には診療室で人びとを診る時間も終わり、一日の仕事が終わります。

午前一時十五分、庭を見とおせる使用人の部屋の近くで人声がしたので目が覚めました。二、三人の男がアラビア語で話していました。こんな時間ですから、すぐに「山の兄弟たち」が来たとわかりました。入り口を破って回廊の中に入って来たのでした。入り口の鐘は鳴りませんでした。

外から見つからないように、なにが起きているのか窓の近くに行きました。男たちの姿は見えませんでした。入り口のところに隠れていたのでした。一つの人影が金属製の入り口から入ってきました。ドアが開くと、武装している男でした。自動小銃を持っていました。彼は、玄関の前にいる人たちのほうに向かっていきました。

私は別の窓のほうに行きました。そこは修道院の別棟の入り口のガラス戸のところが見えるところです。ターバンをつけた男が見えました。自動小銃を肩からぶら下げていました。回廊とリュック修道士の部屋に通じるドアを開けました。話し声や動作は威圧的ではありませんでした。私は事の重大さがわかりませんでした。医者に診てもらうために来たのだと思っていました。というのは、以前に同じようなことがあったからです。さらに、門番があとで話してくれたのですが、二十人ものテロリストが来たと感じさせるようなことがなにも起きなかったからです。その時点では他の「山の兄弟たち」は別の場所にいたのでしょう。

だれも私を起こしに来ないからクリスティアンがうまくやってくれたと思ったのです。院長の部屋は修道院の入り口に近かったからです。門番によると、「山の兄弟たち」は、玄関からではなく、庭に通じている地下室の建物の後ろのドアから入って来たのです。したがって、建物の中を通ってクリスティアンとリュックの部屋に来たわけです。

私が起きたとき、クリスティアンとリュックはすでに玄関の前にいて、彼らと話をしていたのです。クリスティアンは庭の中央にいました。リュックは持っていた薬の袋を男たちに渡しました。リュックは男のあとについてけがをしている人のところに行きました。門番もそこにいました。私は、早くこの出来事が終わるように祈り始めました。

急にだれかが話しているのが聞こえました。

「だれが首領だ」

第三の男が返事をしました。

「あいつが首領だ。おまえに伝えたことをやらなければだめだ」

あとで門番に聞いたところによると、この瞬間に、すべての入り口を開けろという命令が下されました。玄関ホールで人が行き来するのが聞こえました。道のほうに開いていた小さな入り口が閉められました。寝室に戻る前に浴室のほうに行きました。回廊の明かりはすべて消えていました（アマデウス神父が消したのでした）。

私にはどこも問題がないように思えました。クリスティアンが「山の兄弟たち」を送り出して、寝室に戻ったと思いました。一つだけ変なことがありました。リュック修道士が貧しい人たちのために集めていた布地が切り裂かれてポーチの地面や隣の部屋の床に散らばっていました。私は、彼らが布地をほしかったのに、気に入らなかったので地面に捨てたのだと思いました。数分後、だれかが私の部屋のドアをノックしました。アマデウス神父とL・M

でした。

「なにが起きたかわかりますか」とアマデウスが言いました。

「ここにいるのは、私たちだけです。ほかの人はみな、連れていかれました」


（アマデウス神父の話）

それは、一九九六年三月二十七日水曜日の午前一時十五分のことでした。大きな薬箱が激しく揺れているような音で目が覚めました。「リュック修道士が薬を捜すとしても、真夜中にこんなうるさい音は出さないはずだ」と思いました。それから私の部屋の近くで低い声で話をしているのが聞こえました。でもリュックの声もぜんそくの咳も聞こえませんでした。すぐにこんな真夜中に「山の兄弟たち」が来ているとわかりました。起きたことが幻想ではないとわかりました。

一九九三年のクリスマスの夜以来、脅威を感じたことはありませんでした。あの日、平和をもたらすイエスの誕生に、おそろしい首領は畏敬の念におそわれ謝罪して帰りました。けれどもクリスティアンはまたやって来る、そして私たちには選択の余地がないと言いましたでも彼らはやって来ませんでした。そのため、近隣の若者たちが男たちの仲間になるようにと言われることもありませんでした。ティビリヌへの道で人が誘拐されたり殺されたりということもありませんでした。ジャン・ピエール神父、R・Q神父、そしてリュック修道士は用事のためにその道をしばしば通っていました。そのおかげで、この悲劇の夜に「山の兄弟たち」が来るまで、この三年間普通の修道生活を続けることができました。

およそ二十人の武装集団は、命令によって遠方から送られました。その男たちが私の部屋のすぐそばにいました。私の部屋を開けようとしました。私は毎晩ドアに鍵をかけていました。おそらく男たちは薬の箱が気になっていたのでしょうか、すぐにあきらめました。かすかな明かりの下で時計を見ました。一時十五分でした。静かに修道服に着替えました。鍵穴から覗きました。その部屋には明かりがついていました。男たちは薬の箱をひっくり返していました。彼らはリュックの部屋の近くにいましたので、私はその様子がよくわかりました。彼らは低い声で話していました。

私は静かに待ちました。突然、なんの音も聞こえなくなりました。明かりはすべてついたままでした。音がしないようにそうっとドアを開けました。すぐにリュックの部屋に行きました。だれもいませんでした。部屋は散らかっていました。薬と本が床に散らばっていました。小さなラジオがなくなっていました。

たいへんなことが起きたとわかったので、クリスティアンの部屋に行きました。そこは、小さな文書室の廊下に通じているリュックの部屋のドアの反対側でした。事務所は開いていて、電気がついていました。部屋中が散乱していました。書類が散らばっていました。院長の電動タイプライターがなくなっていました。フィルムの入ったカメラもなくなっていました。電話機はテーブルから落ちていて、コードが切られていました。リュック修道士もいませんでした。クリスティアン神父もいませんでした。修練者もいませんでした。私は恐怖のあまり仰天しました。クリスティアンの衣類と靴が廊下の隅に捨てられていました。

私はすぐにリバト修道院から来たお客さんたちのことを考えました。修道士たちの部屋の近くに客舎があったからです。すべての明かりを消し、図書館の近くの階段を上りました。修道士たちの部屋は開かれていて明かりがついていました。けれどもだれもいませんでした。ベッドはそのままになっていました。床は書類が散乱していました。引き出しは全部空っぽでした。スーツケースは開けられていました。だれもいませんでした。それは大きな衝撃でした。

禁域のすぐ隣で眠っていた客人たちが最悪の状態になっているのではないかと心配になり

ました。客舎のドアをそうっと開けると、静かでした。夜用の明かりがついていました。寝室のドアは閉まっていました。最初のドアをノックしました。そこはL・Mが眠っていた個室でした。

(客人のL・M神父の話)

私たちのリバト修道院の会員で司祭のC・Mが私を起こし、「L・M、神父さんたちになにか変なことが起きていますよ」と言いました。私はベッドから飛び起きて、ホールに行きました。もう一人の司祭、D・Xと私は、修道者たちの部屋とは出入り口で別れている修道院の客室で眠っていました。テーブルと椅子を動かしている音が聞こえました。セレスタンの声と思われる抗議の声のほかは、なにも聞こえませんでした。セレスタンが病気になり、リュック修道士のところに連れていこうとしているのだと思いました。夜ですから病院に連れていけないからです。

C・M神父が禁域のドアを少し開けたら、門番が壁に背中を向けて立っているのが見えました。二つのドアの間は静かでした。セレスタンも静かにしていました。ホールへ行く廊下にスーツケースがありました。私たちがドアを少し開けたので、門番はそれに気づき、こちらに来るなと合図をしました。C・M神父がこのことを私たちに知らせたので、「山の兄弟たち」がやって来たとわかりました。修道者たちがみな強制的に集められたと思いました。物音一つもありませんでした。C・M神父はまたドアを開けました。今度は廊下にあったスーツケースがなくなっていました。

私たちは、「山の兄弟たち」に見つかるか、階段から外に出るかしかありませんでした。おそらく武装した「山の兄弟たち」が建物全部を囲んでいると思ったからです。客人たちは、静かに自分の部屋に戻りました。私たちがこの出来事に巻き込まれるとしたら、クリスティアンが来て知らせてくれると思いました。死の瞬間が来ていると思いました。ベッドに戻りました。寒かったのですが、主が平和でつつんでくださるようにお願いしながら、静かにしていました。

また、修道院を去る日が延期されるように願いました。なぜならたくさんの管理運営の仕事が進行中だったので、私が黙っていなくなったら、教区の仕事がたいへんだと思ったからです。外で音がしました。車のエンジンの音でした。そのときドアが開いて、ランプの明かりが部屋に入ってきました。ホールの夜用の明かりでした。アマデウスだとすぐにわかりました。彼は「L・M、そこにいますか。修道院は空っぽです。だれもいません」と言いました。急いで服装を整えました。そして覗いたら、修道者たちの部屋がめちゃめちゃになっているのがわかりました。昨日復活祭の贈り物を持ってフランスから戻ったばかりのポール修道士の部屋には、キャンディとチョコレートの箱が、一つを除いて開けられて空っぽになっていました。そのチョコレートにはアルコールが入っていると思ったのでしょう。あとで、この箱を冷蔵庫に入れました。修道者たちが戻ってきたときのためでした。キャンディの包み紙は床に捨てられていました。驚いたことにコンピューターとプリンターは残っていました。階段を下りて台所に行きました。冷蔵庫の扉が開いているほか、あとは無事でした。食堂のものには手がつけられていませんでした。

事務室と電話室は開けられていませんでした。すべてがそのままになっていました。けれども電話線は切られていました。使用人の部屋に行きました。玄関は開いていました。ジャン・ピエール神父のドアをノックしました。

「アマデウスです。そこにいますか」と言うと、ジャン・ピエールがドアを開けました。修道服を着ていました。彼は祈っていたのです。

彼が見つかってなんとうれしかったでしょうか。修道者たちがいなくなったことを知らせました。彼は、入り口で武装した男たちを見たと言いました。そして彼らが出ていく音を聞いたと話しました。けれども兄弟たちが男たちと一緒だったことはわからないと言いました。

（ジャン・ピエール神父の話）

私たちは、部屋の状態を調べに行きました。クリスティアンの部屋はリュック修道士の部屋と同じようになっていました。すべてのものが言葉では言い表せないほど乱雑になっていました。書類が床に散らばり、引き出しや戸棚は開けられた状態になっていました。テーブルにはいろいろなものがつまれていました。クリスティアンのタイプライターとカメラがなくなっていました。初めは、安全な場所に隠したのではないかと思いました。クリスティアンの電話の線が切られていました。

事務所はそのままの状態でした。「山の兄弟たち」はこの部屋には入らなかったと思いました。でも電話は通じませんでした。あとになって、外の電話線が切られていたことがわかりました。

事務所の近くの部屋、つまりクリストフやポール、ブルーノやミシェル、そしてセレスタンの部屋は同じように荒らされていました。ポールは、サボアにいる年老いた母親を見舞ってその夜に戻ってきたばかりでした。彼のスーツケースも開けられ、いくつかのものがなくなっていました。階段を下りたところにある読書室の外では、タミエ修道院から届いた大きなチーズが聖母のイコンの前にありました。チーズは十字架のしるしが書かれてあったので開けなかったのだと思いました。

身分を証明する書類が見つかりませんでした。ただ、あとで見つかったクリスティアンの小さなカバンの中のファイルは無事でした。リュックの書類もあとで見つかりました。門番によると、「山の兄弟たち」は、修道者たちにすべての書類を持って来るように命じたようです。リュックの部屋は離れていて薬が保管されていました。クリスティアン神父の部屋は、他の部屋と同じつくりですが同じようにかき回されていました。

修道者たちは、追い立てられるように修道院をあとにしたようです。みなどこに連れていかれたのでしょうか。私にはわかりません。私はなにも見ませんでした。男たちが立ち去る音も声も聞こえませんでした。リュックの太い声や咳も聞こえませんでした。

男たちが修道者たちを連れ出したことに気づいたら、私はなにをしたでしょうか。

（L・M神父の話）

私たちは、すぐに他の人に伝えなければと思いました。まず門番の家の電話のところに行きました。大きな鍵がかけられていました。名前を呼びました。ようやっと門番の子どもたちと奥さんが出てきて、話をしてくれました。

「あの男たちは主人を捜しに来たのです」

電話線は切られていました。


（ジャン・ピエール神父の話）

門番の奥さんはパニック状態でした。「山の兄弟たち」が門番と接触したことが、このときわかりました。男たちは、ドアをたたき、窓を破って、門番に門を開けさせました。そして仲間のけが人を治療するために、修道院に行ってリュック修道士を呼び出すように言いました。

門番の姿が見えないので、門番が修道者たちと一緒に連れていかれたことがわかりました。しばらく奥さんと子どもたちのところにいて慰め、もう少し待ってみるように言いました。

（L・M神父の話）

私たちは、近隣の人たちに知らせ、電話をしなければと思いました。ジャン・ピエールと私は、懐中電灯を持って、足下の小道を照らしながらAの家へと向かいました。その人の家は道からそれたところにありましたが、ようやっと見つけることができました。

ドアをノックしましたが、なんの返事もありませんでした。足音を立ててテラスのほうに行ってみました。だれもいませんでした。そのとき犬が目を覚まして吠え始めました。本当にどうしたのかわかりませんが、だれも出てきませんでした。そこで私たちは修道院に戻りました。

午前三時に近かったと思います。アマデウス、D・X神父とC・M神父と一緒に朝まで待つことにしました。修道院を出て車でメーデーアに行っても犠牲者が増えることになるかもしれません。また車が捕らえられるかもしれません。歩いて警察に行っても、警察がうまく対応してくれないかもしれません。そこでベッドに戻ることにしました。

アマデウスは「まだロザリオの祈りが終わっていません」と言いました。ジャン・ピエールと私が外に出かけたとき、彼はロザリオの祈りをしていたのでした。私たちは、アマデウスと一緒にロザリオの祈りを続けることにしました。それから、午前五時に起きることにしました。この時点でなにごとも起きませんでしたので、心が落ち着いてきました。

五時十五分、回廊に集まりました。修道生活が続いていることをすべての人に伝えるために朝課の鐘をならさなければと焦りました。でもすぐに止めました。そうしたら「山の兄弟たち」が鐘の音を聞いてまだ修道者が残っていると知らせることになると思ったからです。私たちは聖務日課を唱え始めました。聖務日課が終わると、朝食をとりました。

夜が明けました。ジャン・ピエールと私は、またAの家に行きました。テラスに行って名前を呼び、足音を立てました。家の子どもたちが出てきて、その夜の出来事を私たちに話しました。このとき、門番が反対側のフェンスから私たちに呼びかけました。「山の兄弟たち」から逃れて、庭に隠れていたのです。彼は疲れ果てていました。彼は、その夜体験したことと、どうやって逃げてきたかを話してくれました。

私たちは、急いで軍隊と警察に伝えなければと思いました。私は、門番が少し休めるように、ジャン・ピエールと私の二人だけで行くことにしました。でも警察はきびしい尋問があるかもしれないから、初めに警察署長に会ったほうがいいとジャン・ピエールが言いました。ジャン・ピエールは署長と個人的な知り合いでした。

ジャン・ピエールと私は、初めに軍隊に知らせたほうがよいかと思い、車でドラアエス・

マルに向かいました。しかし途中で思い直し、メーデーアに行って警察に知らせることにしました。七時十五分に到着しました。警察の部隊長は三台の車で出かけるところでした。部隊長はすぐに会ってくれましたが、私たちが話したことに驚きませんでした。それどころかなんの感情も表しませんでした。全部アラビア語で話しました。

部隊長は署長に電話をしました。そしてテシエ大司教に伝えることを許可しました。部隊長の電話を使わせてくれました。大司教はフランス大使に知らせてもよいかと言いました。私はそのことを部隊長に頼みました。しばらく躊躇していましたが知らせることを許可しました。警察はアルジェリア・プレス・サービスにも知らせました。そこで今朝のニュースで発表されることになりました。この例外的な素早さに驚きました。部隊長は仕事に戻らなければならなかったからでしょう。部隊長は一人の助手をつけてくれました。コーヒーが提供されました。私たちは待ちました。修道院まで護衛してくれる車がなかったからです。

九時ごろ、一人の警官が調書をとりに来ました。すべてアラビア語でした。私が通訳をしました。サインをする前に、私が調書を読み上げました。警官は、フランス人の修道者に関する情報が書かれた調査書類を持っていました。アマデウスはアラブの人だったので、名前が載っていませんでした。調査書類にブルーノの名前があるかどうか見つけなければなりませんでした。十一時に私たちは警察署を出ることがゆるされました。

私たちが会ったすべての警官は友好的で丁重でした。フランス語を話す警官が一人いました。多くの警官はイスラム教以外の宗教についてはなにも知りませんでした。彼らは私たちに謝罪しました。

修道院に着いたら、リバト修道院の修道者たちがC・M神父のほかはみなアルジェに戻っていました。C・M神父は、アマデウス一人を残して修道院を立ち去りたくなかったのです。私は、アマデウスとジャン・ピエールと一緒にいることに決めました。C・M神父はアルジェの修道者たちと一緒になるべきだと思いました。ジャン・ピエールは、いまアルジェにいるV・L神父の車が修道院にあることを思い出しました。そこでC・M神父はその車でアルジェに行きました。大司教館のほうが安全だったからです。

警察の最初の一団が十時ごろやって来て、事件について調べました。その日には軍隊の動きはまったくありませんでした。近隣の人びとにも特別な動きはありませんでした。正午はミサと六時課の祈りの時間でした。はげしい感情と緊張した気持ちでした。アマデウスとジャン・ピエールは私に司式するように頼みました。深い平和の気持ちが胸一杯に広がりました。またこの日、二人の兄弟とともにいることによろこびを感じました。平常心でした。けれども、だれもいなくなった聖歌隊席は強烈な印象を残しました。

（ジャン・ピエール神父の話）

正午近くに私たち三人は修道院の聖堂でミサをささげました。L・M神父が司式をしました。彼は、昨夜の出来事に関連させて四旬節第五週の水曜日の奉献文を唱えました。ダニエル書から、燃えさかる炉の中に投げ込まれた三人のユダヤ人、シャドラク、メシャク、アベド・ネゴの話（3・1〜30）が読まれました。

三人はバビロンのネブカドネツァル王の命令に従って偽りの神々を礼拝するよりは、炉の中に投げ込まれるほうを選びました。三人は、縛られていましたが、自由でした。心から神を賛美し、燃えさかる炉の中にあっても無傷でした。神に対する忠誠心と勇気、そして主の力強い介入は、王の心を劇的に変えたのでした。

（L・M神父の話）

アマデウスとジャン・ピエールは、私に調理方法がわからないと言いました。そこで私は、よろこんで食事の準備をしました。電話がつながりました。最初の電話は、リュック修道士のいとこから、情報を知りたいという電話でした。ザイールにいる彼の兄弟が、修道者たちが連れ去られたと知らせたからです。

それからマスコミの記者たちから何度もかかってきました。彼らに話すことを断り、昼食をとりました。食事中にクリスティアンの母親ド・シェルジェ夫人と妹のクレールから電話がありました。修道院に残っている修道者たちを励まし、安全を祈るというものでした。

台所の大きな二つの鍋に、一つにはスープ、もう一つには豆がいっぱい入っていることを思い出しました。リュックが夜中に修道者全員のために食事を用意していたのでした。彼は、しばしばそうしていました。その夜も連れ去られる前に準備していたのでした。九人の修道者と十二人のリバト修道院の修道者のためのスープと豆でした。

私たちは九時課まで待つことにしました。聖務日課が終わったとき、警官の一隊が到着し、調査を始めました。警官たちは、修道者たちの単純な生活を見て驚きました。私は、一九九三年十二月二十四日の夜のクリスティアンの態度を思い出しました。私は、武装した警官たちに修道院から出て外で待つように頼みました。

「ここは平和と祈りの家です。武装した人はここに入れません」

警官たちは、反対もせず出ていきました。一人の警官が夜にはここにいないようにと言いました。そこで私たちは、午後七時には修道院を出ることを約束しました。このとき近隣の人が一人、修道服のずきんを持ってやってきました。修道院から三分の一マイルぐらい離れたところでそのずきんを見つけたそうです。ミッシェルのものでした。

アマデウス、ジャン・ピエール、そして私は、修道者たちの部屋を片付け始めました。修道者たちの個人証明の書類を捜しました。でも見つかりませんでした。山の男たちは、兄弟たちに自分の書類を持っていくように命令した、と門番が話してくれました。

修道院のすべての入り口を厚い木の板でふさぎました。晩課を唱え、リュックが用意したスープと豆を庭から取ってきた野菜と一緒に食べました。夜に必要なものと大切なものとお金をスーツケースに入れて、二台の警察の車に前後を守られ、メーデーアに向かいました。最初の警察車がホテルの敷地の中に入り、警部補が、部屋を用意してあるので私たちの車もホテルに入るように求めました。

私たち三人がベッド用のシーツを持ってホテルに入ると、ホテルの支配人、警察署長、保安局の人たちが待っていました。みな私たちの姿を見て驚きました。

私たちは二つの部屋に案内されました。部屋には二つのベッドと浴室がついていました。部屋の外に出ないで、二つの部屋の中から行き来することができるようになっていました。翌日の八時に警察の人と会うことが決まりました。終課を一緒に唱えてベッドに入りました。

翌朝、朝の賛歌を唱えてから朝食に下りていくと、警官はすでに来ていました。それから修道院に戻り、警部補とその日の行動予定を決めて、午後四時にアルジェに向かって修道院を出ることになりました。私たちはアマデウスと一緒に銀行に行って預金を引き出しました。修道院の揚水機を直した人にガソリン代を払うためでした。どこでもあたたかく迎えられました。でも心はさびしかったのです。

修道院で、持っていくものを決めました。修道院の記録簿、大切な品物、電気器具、食料などです。アマデウスは働いている人にサラリーを支払いました。アルジェの司教館から、助ける人が必要かどうか連絡がありました。P・L神父とP・R神父、そして悲劇が起きたとき不在であった隠修士が私たちを助けに来ることになりました。軍隊の保安隊が修道院のすべての入り口に配置されました。私は昼食を用意しました。

十二時三十分に、ミサを行い、六時課を唱えました。それから、P・L神父とP・R神父が来たので食事をしました。すべての入り口を閉めました。そのため保安隊は修道院の中に入ってきませんでした。食事中に門番から電話がありました。

「どこも閉まっています。中に入れません」大司教さま、フランス大使、ワリの方々がここにいます。

玄関を開けて彼らを迎え入れましたが、その方々の後ろから軍隊の一群が入ろうと押し寄せてきました。私は、軍人が入ることを止めて、この修道院の特徴を説明しました。軍人たちはそれを認め、外に引き上げました。

兄弟たちは、大使に説明しました。私たちは、警察が守ってくれたことと、ホテルでのもてなしに感謝の言葉を述べました。修道院の安全について話し、その日の午後四時に修道院を出ることを約束しました。アルジェにつくまで護衛がつくことになりました。

P・R神父は修道院に残りたかったのですが、私は一緒に行くように強く勧めました。夜には修道院にはだれもいない状態にすることを約束したからです。警察はすべてのものをそのままにしてあるのを見て驚きました。私は、神父たちが帰ってきたときのためだと説明しました。私たちは車に荷物を積んで、近隣の人たちにさよならを言いました。「行かないでください」「必ず帰ってきてください」と彼らは懇願しました。

警察の車が先導し、後ろに二台の武装車がつきました。アルジェからは私が護衛を案内して司教館に行きました。午後五時三十分でした。

私は、この強烈な二日間をアマデウスとジャン・ピエールと一緒に過ごしたことを幸せに思いました。ジャン・ピエールはいつも落ち着いておだやかで、謙虚でした。私は、神から与えられた力を感謝しました。その力によって大騒ぎもしないで必要なことを成し遂げることができたのです。そして修道生活を保つことができたのです。またほとんど死にかけたことや、それによって新しい自由を感じ取れたことに驚きました。私に残された時間を大切にしていきたいです。

その後の数週間

（ジャン・ピエール神父の話）

本会の総長代理としてアルマン・ベイユ神父が到着した次の土曜日まで私たちは、司教館に滞在しました。アルマン神父は私たちと心からの抱擁をしてから、四月十一日木曜日までのおよそ十日間、兄弟的愛をもって滞在しました。私たち三人は、ジョルジェ神父が静かな環境に部屋を用意してくれたレ・グリシンに行きました。アマデウス神父と私は毎日そこで、いなくなった私たちの兄弟の情報を待ちました。

五月の初めに、まず私一人だけでフェスに行くことになりました。というのは、P・R神父と近隣の人たちが待っていることがわかったからです。五月三日に私は、アルジェをあとにしてフェスに向かいました。

アトラス修道院聖堂の常明灯は三月二十六日から二十七日にかけての悲しい夜に消したままになっていました。一九三七年から聖務日課の時課が唱えられてきた聖堂は、突然、空虚になっていました。「主よ、いつまでですか」と問いかけました。心の中で「兄弟たちは行ってしまいました。また出会うまで、少し『さよなら』です」と言いました。

それは、聖週間が始まる前でした。そして、長い大きな試練が待っていました。復活のときが終わり、聖霊降臨のときまで、兄弟たちはその道を完成しました。

「聖霊よ、来てください。来てください。アレルヤ」

兄弟たちは、教会に、そして世界に聖霊を呼んでくださいました。兄弟たちは、体も魂も、存在の奥底まで神のみわざにとらえられました。それによって、完全に主と一つになり、どこまでも主に従い、主とともに行くことを望みました。

主は、崇高なお方。私の心は神にうたいます。残った私たちはこれからどうなるのでしょうか。それは、必ずわかるときが来るでしょう。

この悲劇のときに生まれた偉大な連帯、気持ちのうえでも、苦痛によっても、祈りによっても、希望によっても生まれた連帯に、私たちは驚きました。

第六章　第三の手紙

――その四　七人の兄弟からのメッセージ

キリスト教の知恵は、神の救いのご計画にあります。このご計画には、イエス・キリストの過越の神秘の中にその源があり、頂点があります。これが、イエスが「神の知恵」(一コリント1・24)である理由です。この知恵を実践するには、救いのために神が介入なさったことをいつも心に留めておくことが必要です。

主は、私たちの兄弟のいのちによって偉大なことをなさいました。そのみわざはまた言葉でもあります。その言葉によって、兄弟たちの考えと感情が表れています。その言葉は、兄弟たちの話を伝えています。そして私たちにその意味を明らかにしています。神はいまも、その友であり預言者にその意味の秘密を明らかにしています。

知恵は思い出から来る

過越のときから、七人の兄弟は、本会と教会の中に不思議な、驚嘆すべき働きを始めました。それは、兄弟たちの中で働く聖霊が教会、この世、そして厳律シトー会という愛の学校に語る言葉を聞くことです。

これから記す言葉は、連れ去られる前に綴られた七人の兄弟たちが書き記していたものです。善意あるすべての人びとに向けられた七人の兄弟たちの一連のメッセージです。言葉は、はっきりと聞こえる福音の言葉となっています。

抑圧する人びとのために神にゆるしを願ってください。ゆるしだけが憎しみと暴力の鎖を破ることができます。ゆるすことは、深い尊敬の行為です。この行為によって、私たちは、攻撃してくる人の中に、すべての差異を超えて神の像を見つけることができます。

ゆるすことは、私たちが悪者で無知なる者であっても、神が私たちをもっとも愛している息子であり娘であることを、お認めになっていることを理解して宣言することです。

ゆるすことは、どのようなことがあっても、私たちが神の子であることを証しすることです。殉教者の心をもっともよく示している言葉は、ゆるしの言葉です。なぜならその言葉は愛を真に証ししているからです。

そのときが来たら、霊的に明晰なときをもっていたい。そうすれば、神のゆるしを請うことができるし、友の仲間たちにもゆるしを願うことができるからだ。また同時に私を打ちのめす人も心からゆるすことができるからだ。

(クリスティアン神父の遺言)

ゆるしているときいのちをささげる殉教者は、だれをも非難しません。過激派は国民の代表ではありません。アルジェリアの人びとやイスラムの世界を非難することほどばかげたことはありません。またこの悲劇のために物理的に責任のある人びとを非難すべきではありません。

ゆるしの言葉はすべての無知と悪をなくすことができます。そして光を人の中で成長させ、その人の心を変えることができます。人間は愛されるにふさわしい存在です。

私が殺されたために、愛する人たちが無差別に責められるならば、私はどのようによろこぶことができようか。それはあまりにも高い代価であるから、「殉教の恵み」を負わせることはできないだろう。またどのような人であってもアルジェリアの人びとに負わせることもできない。とくにイスラムを信じている人には。また私の友には。私はありがとうと言い、さよならと言いたい。なぜなら、神のみ顔にあなたの顔を見るからだ。私たちの御父である神をよろこばせるなら、楽園の幸せな泥棒のように再会させてください。

（クリスティアン神父の遺言）

愛の殉教者は真の平和をつくる人です。それは単に我慢することではなく、悪を辛抱することでもありません。なにもしないということは平和ではありません。だれも傷つけたくないということも平和ではありません。もっと多くのことが必要です。平和は、自分のいのちをささげることによって構築されます。だれもいのちを取り去ることはできません。ただ差し出すだけです。

暴力は暴力を消し去ることはできないと思います。自分自身を神の愛の姿にすることを受け入れることによって人間として実在できるのです。キリストによって示されたように。キリストは、ご自身では正しいお方だったのに、多くの不正に身をゆだねました。

（リュック修道士の手紙、一九九六年三月二十四日）

人間のいのちには意味があります。目的に至る道という意味です。いのちが無償で与えられ、きよい心でささげられるときにだけ、この意味は見つかります。いのちがいただいた賜物であるなら、ささげられた賜物に自分のいのちを回心させる人は生き、他者も生かします。愛することは生きることです。死は、愛の最終的な行為です。永遠の意味をいのちに与えることができる行為です。

死を無条件で受け入れなければ神の真の愛はありません。

（リュック修道士の手紙、一九九五年三月十九日）

キリスト教とイスラム教の宗教間対話は、いまや新しい動機づけをもって続けられます。七人のいのちはこの対話のためにささげられました。そして相互理解のすばらしい礎になっています。七人のいのちは、行動が多くの言葉よりも大きく語ることを知っていました。

イスラム教徒との対話に入るために必用な言語的、そして宗教的知識がなければ、もっと単純に耳を傾けることができると思っている。神は、おくられたみことばによって聞かれる。神は、私が聞くように、そしてこの不思議なことを歓迎するように語っている。それは、自分自身に責任があると感じるところまで聞かなければならない。聖霊がまったき真理に導いていると感じるところまで聞かなければならない。私たちがこの道を一緒に歩くなら、さらにすばらしい。ともに歩くとき、語ることができる。そして沈黙することができる。

（クリスティアン神父の日記、一九九六年一月三十日）

インマヌエル、つまり「私たちとともにいる神」について証ししなければならない。人びとの中に神がおられる。まず私たちがそのようにならなければならない。このような視野によって、祈りによって、沈黙によって、そして友情によって、自分の召命がイスラム教徒の生活、アルジェリアの生活を共有している人びとの兄弟的現存になると理解できる。教会とイスラムの関係はまだすっきりとしていない。なぜなら、私たちがまだ相並んで十分に生きていないからだ。

（クリスティアン神父、四旬節の反省、一九九六年三月八日）

アトラス修道院七人の殉教者は、ここの教会とアルジェリアの人びとの円熟した実りです。七人は、アルジェリアに残ることに決めました。そのため七人は、この教会から、ここの人びとのために最後まで生き続けることができました。七人は、アルジェリアの人びとのためにシリアの教会になることを望みました。

私たちになにかが起きるとすれば、もちろんそんなことを望んでいませんが、私たちはそれを引き受けたいと思います。いのちをすでに差し出したすべてのアルジェリア人と連帯してです。すべてのこうした無名で無垢の人びとと連帯してです。（略）私は思うのですが、今日も私たちが固く結ばれているように助けていてくださるお方は、私たちに呼びかけているお方です。このことに深い驚嘆の念をもっています。

（ミシェル修道士の手紙、一九九四年四月）

神はアルジェリア人を愛していると確信しています。また神は彼らに私たちのいのちを与えることによって、それを彼らに証明するように定めたと確信しています。それでは、私たちは本当に彼らを愛しているでしょうか。十分に愛しているでしょうか。今は、私たち一人ひとりにとって真理を示すときです。私たちが、この時代に重い責任を示すときです。だんだんと一人ひとりが、死とは自分をささげることであると学んでいます。完全に自分を無にするために必要である、ともに生きるという使命を死によって学んでいます。いつか、このことすべてが理屈の問題ではないとわかるでしょう。修道者になることが理屈の問題ではないと同じように。

（クリスティアン神父、共同体への回状、一九九五年四月二五日）

神は、弱いものを使って偉大なことをつくり上げます。はっきりとではないとしても、希望を証しする人は、愛の光り輝く殉教者になることができます。そうした殉教者は土に埋もれている小さな種子となります。それは、神の国の大きな木に成長するためです。

数カ月たったら、アルジェリアの教会になにが残っているだろうか。その姿、構造、教会をつくった人は残っているだろうか。少し、ほんの少しはおそらく残るであろう。それでも、よきおとずれは蒔かれ、種子は芽を出しているだろう。（略）聖霊は働いている。人びとの心の奥深いところで働いている。祈りによって聖霊が私たちの中で働けるようになりたい。私たちのすべての兄弟たちにとって愛の現存でありたい。

（ポール修道士の手紙、一九九五年一月十一日）

私たちの教会は、とくにアルジェリア司教区の教会は、強い衝撃を受けました。教会は、傷つき、略奪されたが、イエスに従うすべての人の召命に属している福音に書かれている放棄と報いという体験を苦しみの中で生きています。教会は、とても傷つきやすく、弱いものですが、「最後まで愛する」という誓いによって、より自由で、信頼のできるものです。

（クリスティアン神父、『現状において本会のカリスマをどのように具体化するか』一九九五年十一月二十五日）

死に直面したとき、私の信仰が、それは愛であるが、強くあるように伝えてもらいたい。

急に信じることがおそろしくなった。

（クリストフ神父の日記、一九九四年二月一日）

私の神よ、私はあなたの御前にいます。（略）ここにいます。みじめさと貧しさにおいて豊かです。言葉では表せないほど臆病です。私はあなたの御前にいます。あなたは、あわれみと愛そのものです。あなたの御前で、あなたの恵みによって、私のあるがままのすべてをさらけだしています。私の魂全体をもって、そして心全体をもって、意志全体をもって御前にいます。

（ブルーノ神父の手紙、一九九〇年三月二十一日）

彼らは、福音の絶対的な真理に導かれて、最後までイエスに従いました。彼らは、イエスの態度と選択を身に付けました。イエスの運命を大切に生きました。イエスに自分を合わせるために、イエスによって自分を変えました。神の国が早く来るために、自分を捨てるという十字架を身に付けました。彼らは、神に仕える方々の中でもっとも仕える方であるキリストの愛だけを大切にしました。

この日に、私が仕える者になる恵みを
そして、ここで私のいのちをささげる恵みを望みます。
平和のための身代金として、
いのちのための身代金として、
イエスは私を
十字架の愛というよろこびに
私を引っ張っています。

（クリストフ神父の日記、一九九五年七月二十五日）

彼らは、完全に変容するまで神秘の中へと飛び込みました。神秘の力によって、火と光になるまで神秘を体験しました。

私たちの七人の神秘家は手を大きく広げて、私たちを神の変容する輝きに導いています。私たちが神のみ顔を観想するまで、暗闇を見つめるように勧めています。どこまでも透明で、どこまで内在するかがなければ、超越はないことを教えています。

言葉と聖体は神の心に導かれる入り口です。
その神は、変容の源です。

あなたが私に話すとき、私は
「あなたの愛に感謝します。あなたの家に近づきます」
と言って、うたいます。
私のうちに、とても近いところにあなたはおられます。
あなたが愛されるその愛に、私は自分自身を捨てて、
あなたによって、私自身に近づきます。
私を愛するだれにたいしても、
あなたの息に感謝しないなら、私は愛するとどうして言えるでしょうか。
私たちはその方のところに行きます。

（クリストフ神父の日記、一九九四年三月四日）

彼らはともに生き、ともに死に、ともに永遠のいのちに入りました。共同体は、神がご自身を現す聖なる場所です。愛は、永遠の連帯という絆によって、ともに彼らを一致させました。いのちのコムニオがなければ、共同生活にはなんの価値もありません。コイノニアは、復活された方を見させてくれます。ですから、そのお方はすべてを新しくしてくれます。私たちの兄弟は自分で考えてよりよく判断したものを求めませんでした。そうではなく、他者にとって、よりよいことを求めました。そのために、主は、彼らを一つにまとめました。主は彼らを一つにして、同時に永遠のいのちへと連れていきました。

教会よ、聞いてください。私はここにいます。
聞いてください。私はあなたの中にいます。
御父が私の中においでになるのと同じように。
主は私の中におり、私は主の中にいます。
私たちは、一つです。
聞いてください。復活であり、いのちであるあなたの中に私はおります。
(あなたによって、あなたとともに)あなたに感謝します。

私は壁を打ち破ります。
私の前には私の罪があります。
私の兄弟にささげる愛がありません。でもあなたに感謝します。
私は、いつまでも恐れたり、絶望したりしません。
私は、死を打ち破ります。
ですから、私の兄弟としての実存は、
あちら側で生きるでしょう。
あなたは、私たちがこの永遠のいのちに向かって一緒に行くことを
望まれているからです。
今日あなたは私に言われました。
立ち上がりなさい。あなた自身のところへ行きなさい。
あなたが真に復活されたところへ。

（クリストフ神父の日記、一九九四年十月三十日）

アトラス修道院にとって、一九九三年のクリスマスは、彼らに特別な体験をした日になりました。その二年後、次のようにわかりました。

この体験をとおして、私たちは、ふたたび生まれるように勧められたと思った。人のいのちは誕生から誕生へと移っていく。(略) 私たちのいのちにはいつも一人の子どもが生まれている。私たち一人ひとりの、神の子である。

(クリスティアン神父、四旬節の反省、一九九六年三月八日)

厳律シトー会の修道者は、ふたたび生まれるように招かれています。この道はつくられていますから、ただその道を歩けばよいのです。

イエスとともに、みな一緒に、御父に向かって、本会から、教会をとおって、全人類へと向かいます。

自分を開いて、内文化化へと、識別へと、エキュメニズムへと、そして対話へと。問題は、死ぬことではなく、私たちの根源から生きることです。

私たちの最初の愛から生きることです。これに忠実に従う代価が死であるなら、その代価を支払いましょう。
それは、神のいのちを求めることがどのようなことかわかっているからです。

おお、イエス。あなたの死が私の中で新たにされ、完成することを心の底から受け入れます。私たちが恐怖の底から深淵まで戻ることは、あなたとともにいるからだとわかっています。そして、悪魔に、おまえはすでに征服されたと宣言します。

（セレスタン神父、復活祭の交唱）

真の巡礼には二本の足があります。一本は現在にしっかりと根づいています。もう一本は、未来に向かう旅の中で高く上げられます。それは主が足取りを導いてくださることがわかっているからです。道は、歩けば開かれます。心には音楽と歌が響いています。死後に見つかった手紙の中で、セレスタン神父は単純に言っています。

自分に与えられた仕事を果たしているとき、毎日私はそれで助かっているのですが、朝の短い文章を唱えます。

「おお、神よ。生きているすべてを目の前に見ると、私たちの希望です」

そして「あなたの恵みには驚嘆します。あなたは、御父の神秘に人びとをあずけます」

（セレスタン神父の手紙、一九九六年一月二十二日）

私は聖母マリアによって、兄弟として心から抱擁します。

総長　ベルナルド・オリベラ

第七章

第四の手紙

七人のことは忘れない――クリストフ神父の日記とともに

一九九七年五月二十一日
親愛なる兄弟と姉妹のみなさま

教皇ヨハネ・パウロ二世から、昨年一九九六年十月十日にジェメリ病院から本会の総会に宛てて、メッセージが送られました。教皇のメッセージは、最後に次のような言葉で終わっています。

兄弟姉妹たちよ、みなさんは、殉教の管理者です。つまり祈りによって、識別を分かち合って、自らが決めた具体的な方針に従って、番をしている人です。そのためこの出来事の記憶は、トラピストにとっても教会全体にとっても未来に豊かな実りをもたらします。

これは真実です。私たちは、私たちの兄弟が受けた殉教の相続人です。彼らは世の光であることは疑う余地がありません。火が点かない灯火は、しまわれてしまいます。

それでは、この出来事の記憶が本会と全教会のために実を結ぶためには、どうしたらよいのでしょうか。この答えとして最初に思いつくのは、兄弟たちの一周年記念にあたって七人が残した遺産の心であると私が考えていることを、兄弟姉妹であるみなさん一人ひとりが分かち合うことです。

私がみなさんと分かち合うことは、単なる情報の段階ではありません。主が七人の生活をつくったように私たちの生活もつくるという問題です。そこで、私は、もっともはっきりと、そして確信をもって、七人が生き抜いたすべてのことを解釈するための鍵をここでみなさんに提示したいと思います。

兄弟たちを理解する内的な鍵は、イエスに従う生活にかかわったことです。このような解釈の原理によって、アトラスの聖母の共同体の神秘を体験できます。キリストに従うことには、二つの姿があります。

第一は、ダイナミックな動きです。第二は、静的な姿です。イエスの近くで生きることは、イエスに向かう動きです。この二つの姿は、自己をささげるという形をとっています。イエスに自己をささげた人は、イエスによって変容するためにイエスに向かいます。

一九九三年から一九九六年まで、アトラス修道院の兄弟たちがどのような思いで過ごしていたか、クリストフ神父の日記を手掛かりにたどってみたいと思います。

死と生　御血を流すところまでイエスに従う

「一九九三年八月八日、日曜日、ティビリヌで、この祈りのノートが始まる」という言葉で始まったクリストフ神父の日記は、クリストフ神父がそれまでに書いていた日記とは違って特別なものがあります。神のみ旨と神が言っていることを識別しようとする意識的な努力があります。その識別を解釈し、神の見方から語っています。最初のページには次のように出ています。

すでに祝日にいただいたこのノートの中には、現存がある。あなたがいる。
そしてマリアも入ってきた。おお、私はなんと離れていたでしょうか。
あなたのための場所を残そうとして、自分のことを忘れていない。
けれどしばしば自分のことを見ないで書いている。
しばしばあなたのほうを見て書いている。
あなたのみ心に仕えるために

あなたのために書くことを教えてくれますか。
自分のために、自分でミッションをつくりだしているのでしょうか。
十字架について書く人は、弟子です。子どもです。
世界はこの子ども時代の言葉を待っている。
詐欺師はこの言葉をむさぼり食おうと待ち構えている。
言葉が生まれると、すぐにそれを腐らせようとする。
私は砂漠で書く。
私はあなたの思いを守る。
あなたの息が私の手を取るなら、あなたの言語に従う。
自分の十字架を取るように私に言っているのが聞こえる。
そのために、私を支配しているもの、
その他のいろいろなものを捨て去らなければならないとわかる。
あなたに従うために。あなたの自由の中で完全になくなるために。

（クリストフ神父の日記、一九九三年八月）

この文脈の中で、クリストフ神父は、私たちが何者であるか、私たちの中でなにがいちばん貴重なものか、ということがわかっていました。彼はわかっているうえで、同年八月二十三日の日記で自分に問いかけています。

「このノートの中の言葉はささげられているのか」

今日、私たちはなにが起きたのかわかっているので、クリストフ神父に確信をもって伝えることができるのです。

「はい、あなたのノートの中のすべての言葉はささげられました。あなたは、自分のためにミッションをつくりませんでした。神は、しばしばもっとも若い人に最善なるものを示します（『戒律』三・三）。死からいのちへの旅によって、私たちに、いのちはささげられたときにのみ意味があることを教えてくれたのは、あなたです」

一九九三年　出来事の始まり

八月二十二日はカトリック典礼では天の元后マリアをお祝いします。この年は、この典礼の記念は主日のお祝いのため行われませんでした。クリストフは、忘れていたテキストを書き写したくなりました。それはとても意味あるテキストでした。彼は、このテキストを見て、自分にとってその意味に驚きました。聖母の現存が中心になっています。クリストフ神父は、書いています。

昨日、ほかの書類の中でこのテキストの切り抜きをふたたび書き写しました。私は昔、書いていたのです。

「あなたの体と血、叫びと涙のゆえに、生まれることができたと思うのです。前方の道は開かれています。

そうです。あなたは危険を冒してまで私が従うためにだけあるのです」

この言葉はいまでも通用しますか。

私はあなたが危険を冒してくださるので生きているのです。
それは聖母です。
私をこのように引っ張っています。

（一九九三年八月二十二日）

その日の午後、アルジェリアの外国人の殺害の知らせが届きました。それはクリストフ神父を苦しめることになりました。

アルジェリアでの殺害。多くの人が被害にあっている。このノートは、このような暴力から守られません。暴力は、私の全存在を貫いている。

（八月二十二日）

その翌日、二十三日月曜日、彼はまだ危険ではないと感じていました。けれども同時に主に招かれています。次のように書いています。

あなたの体はここで暴力にさらされている。しかし、今はその暴力は私たちに向けられていない。仮に一人の男がこの国のために自分をささげることになったら、よいことではないでしょうか。あなたがおっしゃる私に仕える方は、いま私のいるところにおります。私は心からあなたに従わなければならない。

（八月二十三日）

一九九三年十月、イスラム過激派武装集団は、アルジェリア在住の外国人に対して高圧的な行動をとり始めました。三人の外国人領事が誘拐され、すべての外国人は一カ月以内にアルジェリアを出国しなければならないという手紙とともに解放されました。

一カ月間が過ぎ去ろうとしているとき、四人の外国人が武装集団に暗殺されました。それは前述の警告が脅しではないことを証明するためでした。

十二月十四日、十二人のカトリックのクロアチア人が喉を切られて亡くなりました。アトラス修道院の兄弟たちは彼らのことをよく知っていました。修道院から数マイル離れたところのタメスギダに住んでいたからでした。過激派集団は、その殺人を自分たちが行ったものだと認めました。

その年の共同体の黙想会は、十二月の中ごろ終わりました。クリストフ神父は、自分の決意について、黙想の成果について、良心の糾明についてよく考えました。そして次のように思い返しています。


サンソン神父の指導で共同体の黙想会があった。

糾明の要点の中でなにが残っているのだろうか。仕事を続けていくために最終的な決定的なことがあっただろうか。祈りだろうか。

そうだ、その「時」に向かって尻込みすることなく進んでいき、生きていかなければならないときの終わりにあなたが定めてくれた礼拝という「時」がある。


そうです。不可能な決意をした。

それはあなたからいただいたもの。

それに向かって進ませてくれるのは愛だ。

これは私の体。血を流している。

あなたのお言葉どおりに、なりますように。

あなたのなさることが私の全存在を貫きますように。

この決意。それはあなたのもの。

この決意は、私を超えて限りなく進んでいく。

聖母の近くで（彼女の肉から生まれた御子であるあなたは、彼女を「御母」と呼び、私の家に連れていくことをゆるされました）。

私の決意は単純です。

死よりも強い決意です。


（十二月二十二日）


前方に、自分自身をささげることに向かっている道が開かれていました。その道は、聖体とイエスの御母を通り過ぎました。イエスが承諾したとき、クリストフはマリアについての言葉で言いました。

「あなたの言葉によって私になされますように」

数日後のクリスマス・イブの夜、アトラス修道院の兄弟たちは武装集団におそわれました。武装集団は経済的な援助、医療支援、食料品などを求めていました。彼らは、修道者たちを自分たちの味方につけようとしたのです。そこで「また来る」と言って修道院を出ていきました。

十二月三十一日には、一連の投票が行われました。その投票によって、この修道院に留まるという強い意見の一致を示しました。

一九九四年　救助の要請と意味の探求

従うことはどんなに難しいか

一九九三年のクリスマスの前夜、つまり武装集団が修道院を襲ったときのことです。クリストフ神父は、若い兄弟と一緒に逃れ、最悪のことを考えて読書課まで地下室に隠れていました。数週間後、クリスティアンにその夜体験したことを告げました。

「そのとき初めにしたことは、逃げることとでした。それから何時間か待ちました。そして深淵から立ち上がるようにすっくと立ちました」

あなたは私をどこに連れていったのですか。おそらくあなたは、私のいのちが長続きすることを受け入れるように頼むでしょう。では私の兄弟のように、死を受け入れるように頼むことがおできになりますか。

(クリストフ神父の日記、一九九四年一月十六日)

二週間後、この出来事に関連したことを別の書き方で書いています。

修道者は夜に属している。自分のことを気にしていたら、どうして取りなしの祈りができるだろうか。身代わりになれるだろうか。懇願の祈りができるだろうか。昨年のクリスマス・イブのときに暗い地下室の中で、あなたは、この教訓を教え始めました。そのとき、私は、ほかの兄弟たちが「山の兄弟たち」の手の中にあるのだと思った。

（二月四日）

犠牲者の数と暴力事件の数は、おそろしいように増えていきました。一九九四年五月八日アルジェリアのカトリック教会の正式な代表者が殺されました。マリスト会の修道士アンリ・ベルジェと被昇天の聖母の小さき修道女会の修道女ポール・エレン・サン・レイモンです。クリストフ神父は日記に次のように書き残しています。

あなたへのこの遺言は、男と女からなるあなたに仕える人が書いたものです。これには長い歴史があります。まだご聖体と一つになって続いています。

（五月十日）

二人のアウグスチノ会のシスター、カリダド・マリア・アルバレスとエステル・アロンソが十月二十三日に暗殺されました。

一九九四年十一月二十五日、アルジェリアの司教団は信徒に対して一つのメッセージを発表しました。その中で、いま生き抜いているすべての人の深い意味を解釈しています。すばらしい観想的な洞察をもって、司教団は書いています。

他の時代とくらべてもっとも大きいアルジェリアの現在の危機の中で、私たちのキリスト教の召命は、純粋に輝いています。それは、人びとのためにキリストがいのちをささげている道でキリストに従うようにという招きです。この奉献によって、神は私たちすべてにやさしさを表しています。私どもは、アルジェリアですべての人びととともに神の契約を生きたいと願っています。契約の意味は、救いの歴史をとおして聖書が教えています。この歴史の中で、あとから来る人びとを救うために、神はしばしば、神の忠実な民を使ったことがわかっています。このような召命は、たとえどこに住んでいてもすべてのキリスト者に共通しているものです。イスラム教徒の中で少数である私たちの現存は、この召命に特別な次元を与えています。私たちは、イスラム教徒の人たちのために自分のいのちをささげるように呼ばれていています。そのイスラム教徒たちは、私どもとは違う信仰の道を歩んでいると認めています。私どものいのちの奉献は、信仰の違いという壁を乗り越え、人類全体のために神のご計画を証ししています。それは、すべての人類の中にコムニオンをもたらします。

イエスが神のみ国が近いと宣言されたとき、話したかったのはこのご計画です。イエスは、いのちと死と復活によってこのご計画を動かし始めました。ヨハネは、「イエスが国民のために死ぬ、と言ったのである。国民のためばかりでなく、散らされている神の子たちを一つに集めるためにも死ぬ、と言ったのである」（ヨハネ11・51〜52）ということが必要であったと言っています。

（アルジェリア司教団の書簡　一九九四年十一月二十五日）

一カ月後の十二月二十七日、チジ・オウゾウのアフリカ宣教会の四人の神父が暗殺されました。ジャン・シェビラル、クリスティアン・シェゼル、アラン・デュランガール、シャルル・デッケルです。
アフリカ宣教会の四人の司祭が殺されたことは、クリストフ神父に殉教について考えさせました。クリストフ神父の思いは、一一七〇年十二月二十九日に、教会に忠実であったために殺害されたカンタベリーの大司教トマス・ベケットにありました。クリストフ神父はT・S・エリオットの戯曲（邦訳版は『寺院の殺人』）を読んでいました。この著作は、殉教者であることの意味を心理学的に、神学的に分析したものです。トマス大司教が亡くなる四日前にカンタベリー大聖堂での最後のクリスマスの説教で言った言葉を、クリストフ神父は自分の言葉としました。トマス大司教とクリストフ神父は、ともに私たちに語っています。

キリスト教の殉教は、単なる出来事・事故ではありません。なおさらキリスト教の殉教は、殉教者になるという意志の結果ではありません。そのようなことは、欲にくらみ、そしてもくろんで、人の支配者になることと同じです。殉教は、人間が計画したものではありません。真の殉教者は神の道具になった人です。神のみ旨によって、自分の意志を捨てた人です。意志を捨てたというよりは、見つけた人です。なぜなら、その人は神に従うことによって自由を見つけたからです。殉教者は、自分のためになにも望みません。殉教の栄光さえも、望みません。

（十二月二十八日）

一九九五年　大きな恵みを願う

アフリカ宣教会の司祭たちに向けられたイスラム武装集団の計画には、さらにクリストフ神父の心をとらえたものがありました。この計画は明らかに、単に司祭を殺害するものではなかったということです。彼らは、人質をとることを考えていました。これこそ後にアトラス修道院の七人の修道者に起きたことでした。信仰の面から見ると、クリストフ神父は、自分を苦しめている問題の返事を探していました。

あなた（クリスティアン・シェイセル）は、武装集団の本当の気持ちがあなたを人質として捕まえることなのかどうか話してくれますか。私は知りたいのです。そのことを考えています。このようなことがアルジェで、そしてティビリヌで、続くかどうかわからないからです。人質は他の人の身代わりです。けれども、それはその人の自由な決定です。この犠牲の役目が愛とゆるしにあふれるためです。イエスだけが、その場に私たちを引っ張っていくことができます。永遠の兄弟である御子の役割によって私たちと分かち合ってくださいます。

（略）あなた方の友の一人として、あなたを暗殺する人のために祈らなければなりません。

（クリストフ神父の日記、一九九五年一月四日）

この日記の文章の最後の部分はとても驚かされます。いつの日にかキリスト者が人質になったときにとるべきただ一つの道は、敵のために祈ることだというのです。

七月二十五日に教会は伝統的に聖クリストフの祝日をお祝いします。聖クリストフは、皇帝デシウスの迫害の時代にリシアで処刑されたローマの兵士の殉教者です。また、七月二十五日は、ゼベダイの子で福音記者ヨハネの兄弟聖ヤコブの祝日でもあります。古代の伝統によれば、八三四年にスペインのクラヴィホの戦いでキリスト教徒がイスラム教徒に勝ったことと聖クリストフは関連しています。十一世紀にはヨーロッパ中からサンチアゴ・デ・コンポステラの教会にやって来て、この「キリストの兵士」を崇敬しました。

クリストフ神父は、自分の聖人の祝日に特別の恵みを願ったとき、イスラム教徒に対するこの戦争と勝利の文脈がまったく一方的な側面から記されたものであると書いています。クリストフは、自分とイエスが同じでありたいと願ったのです。イスラム教の土地で苦しむイエスであり、すべての人の身代金としてご自分のいのちをささげた人の子であるイエスと同じでありたいと願ったのです。

この日に、仕える人となり、ここで自分のいのちをささげる人となる恵みを願います。
平和の身代金としてです。
いのちの身代金としてです。
イエスは、十字架の愛のよろこびへと
私を引っ張っています。

（七月二十五日）

その年の九月、クリストフ神父はふたたび書いています。

今夜の読書課が始まる前に、クリスティアンは、私たちの二人の修道女ヴィヴィアンとアンジェラがベルコートで日曜日の夕のミサが終わって出てくるところで殺されたと発表した。私は黙示録を繰り返して読んだ。読む人は注意しなければならない。このことはすべてだれにでも起こることだ。小羊は殺されても勝つ。これは読者について語っている。犠牲の生活というあなたの動きに私はとらえられたい。

（九月四日）

翌日の日記には次の言葉がありました。

昨夜の院長の発表は、まだ私に語り続けている。「イエス・キリストの啓示」、それはあなたからの啓示だ。「私たちの二人の修道女ヴィヴィアンとアンジェラ」とクリスティアンは言った。彼は明らかによく眠っていない。ともにいる修道女たちの中で、二人は、特別に生きた人だ。主の十字架によって生きた人だ。

（九月五日）

暗殺の波は止まりませんでした。多くの犠牲者が出つづけました。犠牲者の中で司祭、修道者の数が増えていきました。一九九五年十一月十日に修道女のオディル・プレボストが殺されました。クリストフ神父は日記で次のように書いています。

三時課が終わったとき、クリスティアンは、み心の小さき姉妹会のシスター・オディルとシスター・シャンタルが亡くなったことを知らせた。二人は、修道院の近くで殺された。「他の人たち」が聖霊によって聖化されたささげものになるために、なにか特別な道はない。主によって、主とともに、主をとおして自分をささげること以外に神をよろこばせる道はない。

（十一月十一日）

数日後、十一月二十一日に、アトラス修道院の兄弟たちは、「現状において本会のカリスマをどのように具体化するか」という長く詳細な報告書を書き上げました。一種の共同体のIDカードともいえるこの価値ある文書の一部をここに載せます。

一九九三年のクリスマスのあと、私たちは、ここでともに生きるという選択を承認しました。この選択は、まず私たち一人ひとりによって前もって行った家族、出身、共同体、国などを放棄することによって始まりました。私たちの一人が暴力的に亡くなることは、キリストに従うという生き方の選択の単なる結果ではありません（たとえこのような結果が私たちの会憲の中に直接的に表れていないとしてもです）。

私たちの司教は言葉と模範によって、自分自身がこのように、つまり私たちのいのちをささげるというその極みまで、刷新されるように、しばしばうながしています。

（アトラス修道院共同体「現状において本会のカリスマをどのように具体化するか」）

平和の身代金として自分のいのちをささげる仕える人が、他の人より偉大であるとか、よりよい者であると、クリストフ神父が考えていたわけではありません。それどころか、神が一人の子どもになられたクリスマスは、偉大になるために、小さくなるという教えを学ぶよいときです。この確信があったので、クリストフ神父は、クリスマスの数日前に、彼が行ったことを書き残しています。

単なる「はい」だけで、あなたには十分ですから、
ここで不可能なことをするために、どうぞ私を使ってください。

（十二月二十一日）

一九九六年　自分をマリアのようにささげる

一九九五年のクリスマス、クリストフ神父は、アンリ・ベルジェのカシャビア（の大きなフードのついたラクダの毛のチュニック）からまぶねをつくりました。アンリは、前年に殺された人です。クリストフ神父は、フードで馬小屋をつくり、その中に聖家族の小さな像を入れました。その姿は、とても雄弁に物語り、また胸が引き裂かれるような感じを与えました。一九九六年一月の日記の中で次のように言っています。

小羊を見てください。主はここにいます。間もなく結婚式が始まります。
主は、私たちの中でお生まれになり、
私たちのいのちにささげられました。

（クリストフ神父の日記、一九九六年一月十六日）

この御子の新しいいのちは、どのような暗殺や死よりも強いのです。間もなくここで小羊の婚宴で天のよろこびと勝利の叫びがあります（黙示録19・1～10参照）。でもまだ登らなければならない道がありました。太祖イサクと修道者クリストフがモリア山を登るとき、尋ねたことは、よい質問でした。「焼き尽くす献げ物にする小羊はどこにいるのですか」（創世記22・7）

（一月十七日）

まだ苦悩のときでした。

小羊と鳩は、私の中でいのちを狙ってもがいている獣たちから、私を救い出すためにやってきている。

（一月十八日）

一月が終わるころ、クリストフ神父は、クリスティアン神父に預言的な言葉を言う許可を求めました。

その日は、第二十八の主日でした。司祭職について話しました。司祭に叙階されてから五年が過ぎたところでした。

今朝クリスティアンに一つの望みについて話した。

「死んだら、ストラをつけないでください。このストラのしるしは現実に合わないからです」

あとは、聖霊がそのようにしてくれるだけだ。そしてアルジェリアの新たに叙階された司祭にしてくれるだけだ。

（一月二十八日）

クリストフ神父は、しるしを超えた現実を探していました。聖霊の働きに心を開いていなければなりませんでした。そうすれば、聖霊が叙階の塗油を完成してくれるだけです。クリストフ神父が完全にもう一人のキリスト、もう一人の油塗られた者、もう一人のメシアになるのは、この道しかありません。

クリストフ神父は、まかれた種のように自分が埋葬されることを心配しないようにしていました。麦の種が地に落ちて、死ななければ、実をつけません。死ねばたくさんの実をつけます。

クリストフ神父の日記の最後のページは、誘拐される一週間前の一九九六年三月十九日に書かれました。三月十九日はマリアの夫で普遍的教会の保護者である聖ヨセフの祝日です。その日は、マリアが強く現れ、それが大きくなる日です。まさに「ささげもの」になるにふさわしいときです。そこには、次のように記されています。

今日は、マリアに奉献した記念日だ。すべての聖人のコムニオンによって、マリアとヨセフをこれからも選んでいく。貧しい人びとと罪びとたちとともにイエスのみ手からマリアを受け取った。最愛の弟子と同じように、あなたを家に連れて帰る。あなたの近くで、自分のあるべき姿になる。それはささげられることだ。

クリストフ神父は「ささげられること」はうれしいことと言っています。そして「ミサをあげることができて幸せだ」と言ってから、次のように続けています。

イエスとともに詩編一〇一番をうたうようにうながしているヨセフの声を聞いたかのようだった。「慈しみと裁きをわたしは歌い、主よ、あなたに向かって、ほめ歌います。完全な道について解き明かします。いつ、あなたは、わたしを訪れてくださるのでしょうか。わたしは家にあって、無垢な心をもって行き来します」

（三月十九日）

これが日記の最後の言葉でした。

クリストフ神父の日記は、澄み渡り、あふれんばかりに静かな流れです。彼のこうした思索は、自分の心をささげるという最終的な行為に向かって成長していく過程です。

クリスティアン院長の簡潔な遺書とクリストフ修練長のやや長い日記は、共同体全体が共有した確信から生まれました。もはやこの共同体から、その人間的な特質が取り去られることはありません。彼らの遺言と日記は、いまや私たちの霊的遺産の宝物になりました。この遺言と日記は、アトラス修道院の兄弟たちの輝く受難は、キリストとその福音のために自分のいのちをささげたところにあります。

あまりにも大きい遺産　アルジェリアの教会との共同相続人

受難が続く、小さな、しかし力強いアルジェリアの教会は、おそろしい挑戦を受けています。教会は福音に従っている証しになることを、また殉教者が血を流すところまで証しする覚悟をしています。キリスト教徒とイスラム教徒、信者であろうと信者でなかろうと、すべての人は、アルジェリアの教会に対する私たちの証しを見つめています。そして、いま生きているこの分裂した世界のまっただ中で希望を大きく示すことを待っています。神にはおできにならないことはありません。このような覚悟は人間の力ができることを超えています。

アルジェリアの教会は、私たちの兄弟についての記憶が生き生きと保たれている真の場所です。教会は、私たちの殉教者という財産の相続人です。その遺産は、私たちだけで受け取るには、あまりにも大きすぎます。私たちは、教会と連帯していることを願っています。そのため私たちは、真の共同相続人になることができます。けれども、殉教者の教会の共同相続人になるためには、修道生活の殉教に完全に開かれていなければなりません。毎日の生活の中で、受難を忍耐することで自分の血を流して、生活の中の小さな痛みにあふれた長い生活に身を任せなければなりません。

私たちの誓願宣立の日と同じように、今日も次のように言います。

「主よ、私を受け取ってください。あなたのおことばによって、私は生きられます。私の希望を打ち破らないでください」

「修道生活の規範を忠実に守る」誓願は、修道生活の中でイエスに従う約束です。従順、沈黙、謙遜の道（『聖ベネディクトの戒律』５・７）、熱意と善行の道（同72・４）は、イエスに従う修道的道です。これは、主に向かって進む方法です。それは、私たちが完全に変容するためです。これは、アルジェリアで苦しみ、よろこんでいる殉教者の教会の証人となり相続人となる唯一の道です。私たちは、自分の弱さを知っています。けれどもクレルボーの聖ベルナルドとともに、変わらなければならないことを確信して祈りましょう。


「あなたについていけるように引っ張ってください」

あなたの油の香りによって走っていきます。主よ、あなたについていけるように引っ張られることは必要です。なぜなら、あなたの愛の炎は、私たちの中ですぐに冷たくなってしまうからです。いまは、かつてのように速く走ることができません。なぜなら、この冷たさのために、恵みの水が凍ってしまうからです。

けれども、あなたが私たちの救い主であることがわかるよろこびを再びくださるなら、また走ります。恵みのやさしいあたたかさが正義の太陽の新しい光をもって戻って来るなら、また走ります。そうすれば、雷雲のように空を暗くする労苦もなくなるでしょう。やさしいそよ風のやわらかい息は、凍りついた油を溶かします。そうすればよい香りが立ち上がり、甘美な空気を満たしてくれます。そうすれば私たちは走ります。かぐわしい香りが私たちを惹きつけている熱意をもって走ります。

私たちを押しつぶしている無気力は、香りが戻って来ることで消えてしまいます。私たちは、よい香りで元気になり、調和して走ります。しかし、しばしの間、「あなたについていけるように引っ張ってください」

まだ書かなければならないことがあります。

イスラム武装過激集団のコミュニケ四三と四四（一九九六年四月十八日と五月二十二日）は、私たちの七人の兄弟が修道者であり、キリスト者であるという理由で処刑されたと伝えました。私たちも修道者であり、キリスト者です。このため、武装集団をゆるさなければなりません。

とくにディジャメル・ジトウニという名前で知られているアボウ・アブデル・ラーマン・アミンをゆるさなければなりません。彼は、イスラム武装集団の司令官であり、私たちの七人の兄弟に死刑宣告をして首をはねた責任者です。

けれどもこの最後の友をゆるすということだけではありません。彼と兄弟的な一致の契約を結びたいのです。一九九六年七月十六日に、マス・メディアは、ディジャメル・ジトウニ（アボウ・アブデル・ラーマン・アミン）が亡くなったと報道しました。彼は、暴力によって生き、そして死にました。その暴力の犠牲でした。

ディジャメルとクリスティアン神父は、十字架につけられた強盗のように楽園で再会したでしょう。この二人と他の六人は私たちの兄弟です。この八人に、私たちは、ありがとう、そして、さようならと言いたいです。

あなたたちを神のみ顔のうちに見ています。この遺産は、私たちにはあまりにも大きいものです。なぜなら、計ることができないからです。でも神にできないことはありません。

総長　ベルナルド・オリベラ

第七章　第四の手紙 —— 七人のことは忘れない —— クリストフ神父の日記とともに

メッセージ

クリスティアン神父の遺言

（一九九六年五月二十六日聖霊降臨の日曜日に開封）

私たちが「さようなら」という永遠の別れに直面するとき、
それが、ある日起きたら、今日かもしれない。
アルジェリアで生活しているすべての外国人をのみ込もうとしている
テロリズムの犠牲となったら、
私のいのちが神とこの国に「ささげられた」ことを
私の共同体、私の教会、私の家族に忘れられたくない。
すべてのいのちの唯一の師であるお方がこの残酷な別れをよくご存じであることを、
私の共同体、教会、家族に願う。
彼らに、私のために祈ってくださるように願う。
どのようにしたら、このようにささげられるにふさわしい者になれるのだろうか。
私の死と、いまや無関心や不知のために忘れられている暴力によって死んだ多くの人びとのことを、結びつけて考えてもらいたい。
私のいのちは、もはやだれよりも価値のないもの。まったく価値のないもの。
私のいのちには、子どもの無垢はない。
長い間生きてきて、自分も悪の一員であるとわかっていた。
世に広がり、私を打ちのめすかもしれない悪の一員であるとわかっていた。
時が来たとき、霊的に透明でありたい。
そうすれば、神と人びとからゆるしを願うことができる。
同時に心から、私を打ちのめす人をゆるすことができる。
でも、このような死を望むことはできないだろう。
私にとってこれから書くことは大切だと思う。
私が殺されたことにおいて私が愛している人びとに責任があると言われたら、
よろこぶことはできない。
「殉教の恵み」と呼ばれることに代価を支払うことは、あまりにも高すぎる。
たとえだれに対してであろうと
アルジェリア人にこの責任を負わせることはできない。

とくに、信じているイスラムの教えを忠実に行動に移したという人に負わせることはできない。

無差別にアルジェリア人に対して言われているさげすみのことはよく意識している。またある種の信仰が育てているイスラム教の戯画化のことも知っている。過激な原理主義者のイデオロギーと信仰の道を同一化することで良心を満足させることはあまりにものんきなことだ。

私にとって、アルジェリアとイスラムは、それとは違ったものだ。むしろ体と魂に関するものだ。

これまで受けてきた点から見て、しばしばこのように言ってきた。母の膝の上で、最初の教会で、アルジェリアで学んだ福音の真の源がここにあるとしばしば見てきた。

正確にいえば、イスラム教を信じる人びとを尊敬することによって心が動かされて、そのように見てきた。

明らかなことだが、私の死は、私を愚直だとか理想主義的だと決めつけている人に立証することになると思う。

「どのように考えているか言わせておけ」と。
でも、こうした人びとも、最後には私の飽くことのない好奇心が
だれにも文句を言われないものになるとわかるであろう。
神よ、これが、私のすることになると決められていることだ。
それは、御父のまなざしによって、私のまなざしを深く沈め、
御父とともに、御父がイスラムの子どもたちを見るように、
子どもたちのことを観想することだ。
彼らはキリストの栄光によって、そして聖霊の賜物に満たされて
キリストのご受難の実りで輝いている。
聖霊のひそかなよろこびは、さまざまな異なった人びととともに一致を建設し、
似姿を回復するためにある。
この失われるいのちは完全に私のものであり、同時に彼らのものである。
神に感謝する。
神は、すべてのことによろこぶために、
それを望まれたと思う。

神に感謝したことは、いまからつづいて私のいのちのすべてのためだ。
昨日と今日の友であるあなたも含まれている。
ここにいる私の友であるあなたも含まれている。
もちろん、私の母と父、兄弟姉妹とその家族も含まれている。
あなたは、約束されたように、百倍報われている。
また、私の最後の友だ。
でも自分でやっていることがわからないだろう。
私は、「感謝」の気持ちと「さようなら」という別離の言葉を言いたい。
なぜなら、神の顔にあなたの顔を見るからだ。
楽園の幸せな強盗のように、また会えますように。
私たちの御父でもある神がよろこばれるならば。
アレルヤ。アーメン。

一九九四年一月一日、ティビリヌにて
クリスティアン

教皇ヨハネ・パウロ二世のメッセージ

トレ・フォンターネでの合同集会に集まった兄弟姉妹の方々へ

（アトラス修道院の殉教者のための記念ミサにあたって）

親愛なる兄弟姉妹の方々へ

アルジェリアのティビリヌのアトラスの聖母修道院の七人の兄弟を記念して、キリストのミサを祝うために、祭壇を囲んでいるみなさまと同じように、私もみなさまと一緒に心でミサに参加します。七人とは、言うまでもなく、去る五月に野蛮な方法で殺害された方々のことです。このメッセージによって、私の祈りによって特別な思いとともに、みなさまと霊的にはとても近く、また連帯していることを表明したいです。

「一粒の麦は、地に落ちて死ななければ、一粒のままである。だが、死ねば、多くの実を結ぶ。自分の命を愛する者は、それを失うが、この世で自分の命を憎む人は、それを保って永遠の命に至る。わたしに仕えようとする者は、わたしに従え。そうすれば、わたしのいるところに、わたしに仕える者もいることになる。わたしに仕える者がいれば、父はその人を大切にしてくださる」（ヨハネ12・24〜26）

七人の兄弟たちのことを考えるとき、また彼らの証言に照らして、みなさまのこの集会のことを考えるとき、この福音書の言葉はなんと適切に言い表しているでしょうか。この感動的な試練においては、主だけが子どもたちを慰めることができます。十字架にかかり、復活されたキリストを信じることは、苦しみのベールを取り去り、信仰者の豊かな死の神秘を理解させてくれます。こうした信仰者のいのちは捨てられることはなく、変容するのです。

ティビリヌの修道者たちの犠牲は、みなさまの集会に特別のインスピレーションを与えています。それによって、みなさま一人ひとりが聖霊の働きによって、いま直面している二つの大きな挑戦と出会うことができます。二つの挑戦とは、キリストに根源的に従うという刷新された忠実性と偉大なシトー会家族の内なる一致のことです。このことを確信しましょう。殉教者の血は、教会の中で刷新と一致の力となります。

「二千年期が終わるにあたって、教会は、ふたたび殉教者の教会になりました」（使徒的書簡『紀元二千年の到来』37）

アトラスの聖母のトラピストの証しは、オラン司教、ピエール・ルシエン・カベリ司教、その他アフリカ大陸の多くの兄弟姉妹の証しに倣っています。この多くの人びとは、自分たちを迫害し殺戮した人びとをはじめとして、主と兄弟姉妹のためにいのちをささげました。彼らの証しは、十字架の勝利です。この世を救ってくださる神のあわれみ深い愛の勝利です。ドン・クリスティアン・ド・シェルジェが残した「遺言」には、彼と兄弟たちが巻き込まれたあの悲劇の出来事を理解する鍵があります。この出来事の究極の意味はキリストによる彼らの生活の賜物です。彼は「私のいのちが、神とこの国にささげられた」と書いています。
兄弟姉妹たちよ、みなさまは、殉教の管理者です。つまり祈りによって、識別を分かち合って、自らが決めた具体的な方針に従って、番をしている人です。そのためこの出来事の記憶は、トラピストにとっても教会全体にとっても未来に豊かな実りをもたらします。

一九九六年十月十日

ジェメッリ病院から

ヨハネ・パウロ二世

バチカン市国国務長官からの書簡

（クリスティアン神父の遺言に関して）

親愛なる厳律シトー会総長ベルナルド・オリベラ神父さま

私は、よろこんでお伝えいたしますが、教皇ヨハネ・パウロ二世は、アトラス修道院の院長クリスティアン・マリ・ド・シェルジェ神父の「霊的遺言」を送ってくださったあなたの思慮深さを心の底から感謝しています。クリスティアン神父の驚くべき死は、同じ共同体のほかの六人の兄弟たちの死を含めて、数日前に確認いたしました。

教皇ヨハネ・パウロ二世は、この兄弟たちが殺害されたときから最近の出来事まで詳しく見守り、祈ってきました。いまは、主が彼らの寛大な犠牲を報いてくださるように祈っています。また同時に、クリスティアン神父の「霊的遺言」に深く心を打たれ、力づけられています。「霊的遺言」には、七人の兄弟があのような敵意に満ちた状況の中で生き抜いたその偉大な魂がはっきりと書かれています。とくに心を打ったのは、十字架上のキリストと完全に一致して、和解と感謝の言葉をもって、自分のいのちを完全にささげたことです。

教皇は、ふたたび希望を表明することを望んでおります。つまり、この修道者の共同体が流した血が、彼らが愛した国で、そして彼らがいのちをささげた国のために、一致の種になるようにという希望です。教皇は、トラピストという家族が主に感謝するように勧めています。それは、兄弟たちのために祈ることによって、そして兄弟たちが始めた祈りを続けていくことによって、兄弟たちのいのちと死という賜物をいただいたからです。教皇は、この感謝の気持ちをもって、そして、トラピストの兄弟姉妹への特別な愛を表すことによって、教皇の使徒的祝福を心の底からおくっています。

この修道者たちのための祈りに自分を合わせて、キリストにおいて、私の個人的な尊敬を表すものであります。

バチカン市国国務省
一九九六年六月四日

訳者あとがき

本書は、Olivera Bernardo O.C.S.O. *How Far To Follow?: The Martyrs of Atlas* Kalamazoo: Cistercian Publications. Inc. 1997. を訳したものです。

初めに著者ベルナルド・オリベラ神父の略歴と人となりについて書きます。

彼は、一九四二年、アルゼンチンのブエノス・アイレスに生まれました。小・中・高等学校は、サレジオ会が運営する聖エリザベト・カレッジで、大学は、ブエノス・アイレス大学農獣医学部で獣医学の勉強をしました。獣医として働きながら、一九六一年、哲学、文学を勉強し、外交官になろうと思い、翌一九六二年に、昼間は勉学、夜は働くという過酷な生活を始めました。このころの価値観は、友人、金銭、夢、将来設計を大切にすることでした。真理、善、宗教への深い畏敬の念がありましたが、心は空虚な気持ちに打ちのめされていたそうです。

一九六二年六月、最初の回心の出来事が起きました。それについての著者自身の言葉を引用します。

「バスで大学の授業に行くときだった。天気は曇りで寒かった。早朝だった。夜が明け始めた。バスにはいつものように何人か乗っていた。すべてがいままでと同じであった。突然、目の前に現存を感じた。すぐにわかった。それは主だった。いくつかの言葉が心に入ってきた。

『来て、わたしに従いなさい』

主は、この言葉を三回繰り返した。初めの二回は、私がためらっていたからである。どうしてためらったのだろう。別の考えや大切にしたい気持ちがあったからである。三回目を聴いたとき、私の全存在は消えていった。深い悲しみとやさしい柔和な気持ちで、かつてなかったほど泣いた。この瞬間から、私の全生活は、ただ神のみの鼓動を聞くことにならなければとわかり始めた」

同年九月、彼は厳律シトー会アズル修道院を初めて訪問し、十月に助修士として入会しました。一九六六年五月、修道者として初誓願を宣立し、すぐにアメリカのスペンサー修道院に二年間送られ、病室係としてまた院内のジャム工場で働きながら、聖書学、神学、シトー会霊性を勉強しました。一九六九年、アズル大修道院で荘厳誓願を宣立し、一九七一年に司祭に叙階されました。このころは、図書館係、病室係、副修練長、用度係として共同体に仕えました。一九七三年アルゼンチン・カトリック大学神学部で研究し、マリアの霊性観想運動を創立しました。この間の苦しみとよろこびが第二の回心となりました。神の恵みによって、長上と同僚たちの信仰に報いてくださるように祈りました。

一九七四年から一九八四年まで修練長と神学と霊性の教授として働き、その途中の一九七八年ローマのグレゴリアン大学霊性研究所で研究し、その翌年アズル修道院に戻りました。

一九八三年六月、副院長に任命、翌一九八四年に大院長に選出されました。そして、一九九〇年に厳律シトー会総長に選出されました。この間のさまざまなことが第三回目の回心になりました。十八年間総長職を務め、二〇〇八年九月、ご自身から申し出て総長職を辞任しました。現在、アズル修道院の大院長です。

私事ですが、訳者と妻は、お恵みによって、二〇〇七年十月の一カ月間、ローマのマリスト教育修道士会本部に滞在し、近くの厳律シトー会本部を何回か訪問することができました。総長ベルナルド神父さまと昼食をともにする機会にも恵まれました。そのとき、お目にかかったお姿はとてもスマートでしたが、いくつかの病気をかかえ、来年は総長職を辞職なさると聞きました。私どもは、ベルナルド神父の中に、トラピストの単純性を具現化したお姿を見ました。

ベルナルド神父は、アトラス修道院の院長クリスティアン神父をよく理解していて、励ましていました。かつてベルナルド神父は、厳律シトー会には殉教者よりも修道者のほうが必要であるとクリスティアン神父に言ったことがありました。アトラス修道院の修道者が殉教したあとで、殉教の前年にクリスティアン神父が書き残した記録を調べていたベルナルド神父は、クリスティアン神父が自分の言葉でたいへん苦しんでいることを知り、驚き、そして同じように苦しみました。

ベルナルド神父は、大きな問題に対しても、小さな問題に対しても、いつも単純で謙虚な修道者として地に足をつけて対処しました。いつでも人のために働き、人とともにいることがよろこびでした。

さて、本書のテーマとして四つの事柄を挙げることができます。「平和」「諸宗教間の対話と福音の宣言」「証し」そして「殉教」です。

七人の殉教者が「平和をつくる人」「平和の人」であったことは論を待ちません。古今東西の厳律シトー会の修道者は、平和をつくる人、平和のために働いた人でした。

アトラスの修道者たちは、とくに近隣の人びとを大切にしていました。ジャムやチーズなどの修道院で生産した食品を市場に出して売りました。これは、自らの生活のためであると同時に、とくに近隣の貧しい人びとのためでもありました。リュック・ドシエ修道士は医師でした。修道院を訪れる近隣の人びとを無料で診察し、必要な薬を与えていました。そしてさまざまな生活の苦しみを聞いてやりました。修道院を出て診療に出かけることもありました。イスラム過激派が薬を要求しに来たとき、武器を持って修道院内に入ることを禁じましたが、薬を渡しました。こうした姿は、まさに「平和をつくる人」のそれでした。映画『神々と男たち』では、この様子がよく描かれています。

近隣の人びとがイスラム教徒であることに注目する必要があります。七人の殉教者は、いちばん近い隣人であるイスラム教徒に、キリスト教の信仰と生活を証しし、賢明に愛をもって対話し協力しました。イスラム教徒の霊的富や社会的・文化的価値を認識し、促進しました。イスラム教徒の中で立派に生活しながら、彼らと平和に暮らしていました。七人のいのちをささげた殉教と平和の証しは、現代人の心に迫り、人間の本質に触れるものです。テロリストを憎むことなく、和解と平和をつくることをとおして、そして祈りと隣人への働きをとおして、すべての人の傷をいやしてくれます。

また、教皇庁、諸宗教評議会・福音宣教省は、一九九一年に『対話と宣言 諸宗教間の対話とイエス・キリストの福音の宣言をめぐる若干の考察と指針』（カトリック中央協議会、一九九三年）を発布しました。この文書は、「諸宗教間の対話」と「イエス・キリストの宣言」の重要性をよく教えています。単純に考えると、「対話」と「キリストを宣言すること」は矛盾しているのではないかと思えるからです。つまり対話にはある程度の自己譲渡が必要ですし、宣言には自己主張があると思えるからです。『対話と宣言』は、この矛盾点を明快に解決してくれます。

『対話と宣言』は、次のように教えています。「同じレベルではないが、諸宗教間の対話と宣言は、どちらも福音宣教という教会の使命の真正な要素である。両者は正しく必要なもので、密接な相互関係にあるが、置き換えられない。諸宗教間の真の対話は、キリスト者の側に、イエス・キリストをよりよく知り、認め、愛してもらいたいという望みがあることを前提とし、イエス・キリストの宣言は、対話の福音的精神で行われるべきである。この二つの活動は依然として別々のものであるが、経験が示しているように、同一の地域教会や同一の人物がさまざまに両者に携わることができる」（同77）

『対話と宣言』の教示は、じつにアトラス修道院の七人の殉教者が「対話と宣言」の実践者であったことを示しています。

そして「証し」とは、体験した事柄や出会った人物について、確信をもって語り、明らかにすることです。したがって、語り、明らかにする人は「証人」です。その事柄や人物は真実なるものとなります。『新共同訳新訳聖書語句事典』（教文館）によると、新約聖書には、名詞「証し」は七十一回、動詞「証しする」五十四回、「証人」が三十一回使われています。イエスは、ご自身の言葉と生き方によって、真理を証ししています。そしてイエスの言葉を聴き、行動を目撃した人は、その証人になっています。

以上のことから、諸宗教間の対話とイエス・キリストの福音の宣言は、他の信仰者に対して改宗を求めるという態度を清め、自分の信仰を深め、真正な福音宣教の道を歩むこと、ということになります。

この視点から七人の殉教者を見ると、彼らは、この真正な道をともに歩いた人ということができます。彼らの証しについては議論の余地はありません。アルジェリアのアトラス山脈の中の修道院での単純で、隠れた隠世共住修道生活は、証しの生活でした。近隣の貧しい人びとに自分たちの信仰を押しつけることなく、その人びとの信仰を大切にして、語り合い、援助を続けていました。ただトラピストとしての召命に忠実であるだけでよかったのです。修道・奉献生活を忠実に守ることが証しでした。

『新カトリック大事典』（研究社）によれば、「証し」のギリシャ語は martyria です。「殉教」

は、martyrion ですから、「証し」と「殉教」が同じ語源をもつことがわかります。このことは、「殉教」は、「証しすること」、「殉教者」は「証人」だということを示しています。このことは、「殉教」について考えるとき、とても大切だと思います。

殉教者という言葉は、「証聖者」という表現を思い起こさせます。証聖者は、キリスト教的諸徳を実践して、イエス・キリストに対する信仰を公に表明したキリスト者を指します。キリストのために死ぬことはなかったが、キリストを証しし、信仰を擁護するために、さまざまの迫害を受けた人を指します。キリストの教えに従って生活し、キリストを証ししたキリスト者です。

今日の状況を見ますと、とくに日本では、高山右近が列福され、それは、さらに大きな列聖運動へと広がっています。高山右近は、上記の分類によれば、殉教者ではなく証聖者です。しかし、教会は、右近を殉教者と宣言しています。これは、これまでの殉教観が変化したことを示しています。古代ローマにおけるような、自ら出頭してキリスト者であると公言して処刑された自発的殉教は別にしても、神の国の栄冠を獲得するための積極的信仰行動で地上の権力に対する無抵抗の死によって、限りない愛を証しするという伝統的殉教だけが今日の殉教ではないということになります。

今日的な殉教者は、英語 martyr をはじめヨーロッパ各国語の語源の意味が示すように、「信仰を証しした人」という意味になっています。いまや殉教者は、「痛みを伴いながら、へりくだって、生のさびしさを受け入れ、多くの試練を生き抜き、弱さをもってキリストの救いのみわざにあずかり、死ぬまで信仰を成長させた人」となります。故溝部脩司教は、「現代の教会は遠い昔の出来事だけでなく、私たちの毎日をよろこんでささげて生きることにあるのです」と言っています。

こうした考察から、アトラス修道院の七人の殉教者について考えてみます。トラピストの修道者は、聖ベネディクトの戒律に従って奉献生活を送っています。修道者たちは、自分の修道共同体と永遠に結ばれるという定住の誓願を宣立します。アトラス修道院の七人も同様でした。彼らには、イスラム過激派から襲われるという危険が迫っていました。現地の政府は、アトラス修道院から離れ、より安全な修道院に避難することを勧めました。アルジェリアの教会当局も、フランス政府も、厳律シトー会総長もそれに積極的に同意しました。

しかし、アトラス修道院の修道者たちは、修道院に留まることを選び、その決断をしました。それは、彼らの定住の誓願宣立が大きな理由になっていると思います。しかし、単に修道生活の誓願を忠実に守るということではなく、近隣の人びと、イスラムの知人、友人、そしてアルジェリアの教会への愛、誠実があったからでした。

彼らにとって、アトラス修道院、隣人、アルジェリアの教会を捨てることは、とうていできないことでした。アトラス修道院は、主から呼ばれた場所でした。たとえ一時的であっても、アトラスやアルジェリアを離れることは、心を切り裂かれることだったと思われます。クリスティアン院長は、遺言の中で、この思いを証言しています。

「アルジェリアで生活しているすべての外国人をのみ込もうとしているテロリズムの犠牲になったら、私たちのいのちが、神とこの国に『ささげられた』ことを、私の共同体、私の教会、私の家族に忘れられてもらいたくない」

イスラム教徒との対話を続けているうちに、修道者たちは、殉教の神学を深めていったと思われます。第二バチカン公会議の精神を生きている人にとって、他宗教の信者を尊敬することが当たり前のことになりました。独断的に、挑発的に、尊大に、自分のキリスト信仰を断言し強要することではなくなりました。他宗教の信者は、兄弟姉妹になりました。アトラスの修道者には、イスラムのテロリストたちさえも兄弟でした。彼らは、イエスと同じように、この世の人たちを愛したのです。

「イエスは、この世から父のもとへ移る御自分の時が来たことを悟り、世にいる弟子たち

を愛して、この上なく愛し抜かれた」（ヨハネ13・1）

イエスは最後の晩餐のとき、弟子の足を洗い、受難と十字架上での死去の意味を教えました。それは殉教の意味ととらえることもできます。つまり敵をもゆるす愛です。

アトラスの修道者にとって、その愛は、隣人、友人、教会にいのちをささげることでした。彼らの愛の殉教は、神とすべての人びと、とくに貧しい人びと、苦しんでいる人びと、見捨てられた人びと、他宗教の人びとへの愛であり、証しでした。

キリスト教の殉教が愛のための殉教であるとしたら、その愛が人びとを「この上なく愛し抜かれた」（ヨハネ13・1）ようなキリストの愛であるとしたら、また「わたしは自分でそれ（命）を捨てる。わたしは命を捨てることもでき、それをふたたび受けることもできる」（ヨハネ10・18）ような愛であるとしたら、その愛は、すべてのキリスト者が求める愛ということができます。

そして、その愛は、キリスト者だけではなく、すべての人びとにも当てはまることになります。

「このことは、キリスト信者だけでなく、心の中で恵みが目に見えない方法で働くすべての善意ある人々にも当てはまる。…われわれは、聖霊が神に知られている方法で、復活の神

秘にあずかる可能性をすべての人々に提供することを信じなければならない」(現代世界憲章22)

殉教の愛は、人間から来るのではなく、神から来るものでしょう。なぜなら、初めに私たちが神を愛したのではなく、神が私たちを愛したからです。殉教の愛は、私たちに対する神の最初の愛に答えたものということができます。アトラス修道院の修道者が近隣の人びとを愛するために殉教したというよりは、神が最初に人びとを愛したから、それに倣い、応えるために殉教したと考えることができます。七人の殉教と証しは、キリストの犠牲に倣った犠牲ということができます。

七人の修道者は、テロリストに殺されました。この意味で古典的な殉教者の定義に当てはまります。しかし、自ら進んで殺されることを望んだのではありません。どこまでも生きることを捜し求めました。死が近いことを察したとき、たいへん苦しみました。できるならこの苦しみの杯を飲まないように願いました。しかし、最後にはそれを受け取りました。高山右近の列福以後に生きる私たちは、七人の殉教者の死を思うと同時に、彼らがキリストと隣人のために祈り働いて、キリストの証人になったことに思いをはせるのです。

最後に、私事になりますが、おそらく一九九七年夏だったと思います。亡き妻とともに、当別のトラピスト修道院を訪ねたとき、当時大院長であった故高木正義神父から、アルジェリアの修道院で七人の修道者が殺害されたと聞きました。そのときはよく出来事の様子がわからず、心の中にしまいこまれたままになっていました。

その後、厳律シトー会関係の著作やノートを読み、また当別やアメリカのトラピスト修道院、そしてローマの総長館を訪問しているうちに、アルジェリアの七人の殉教者のことがだんだんわかってきました。そして、願われて訳した『二十世紀厳律シトー会の歴史』を読み、七人の殉教者のことがさらによくわかりました。

映画『神々と男たち』も観ました。また本書の英語版も知りました。そこで翻訳に取りかかりましたが、訳者の体調不良や怠慢のために、遅れに遅れ、完訳しましたのは、妻が亡くなって一カ月後の二〇一六年三月十二日でした。

妻は、生前、私の著作と翻訳の最初から、文章の校正をしてくれました。その意味で、私の本の共著者であり、共訳者であり、最初の読者でした。妻は、ホスピスに入院する前に、できあがった原稿を校正したいと言いましたので、お願いしました。しかし、「はじめに」の校正を終わると、力がなくなりました。それでも、妻は、本書の共訳者です。

本書は、修道士、修道女の方々、その他の方々の祈りと願いによって、ドン・ボスコ社から出版されることになりました。社長のサレジオ会司祭関谷義樹師と編集部の金澤康子さんの特別なご奉仕のおがげでございます。感謝いたします。

二〇一八年七月十一日　聖ベネディクト修道院長の記念日に

木鎌安雄

❖著者略歴

Olivera Bernardo（ベルナルド・オリベラ）

1943年、アルゼンチンブエノス・アイレスに生まれる。ブエノス・アイレス大学農獣医学部で獣医学を学び、獣医として働きながら、哲学、文学を勉強。1962年、厳律シトー会入会。1983年、アズル修道院副院長、翌年より大院長を務め、1990年、厳律シトー会総長に選出される。十八年間総長職を務め辞任。現在、アズル修道院大院長。

❖訳者略歴

木鎌安雄（きかま・やすお）

1932年東京生まれ。文学博士（上智大学）。文学部と大学院で英文学と文芸思想を学ぶ。二十世紀のトラピスト修道者トマス・マートンの著作をとおして「カトリック霊性」に関心をもつ。おもに関西のいくつかの大学で「英米宗教思想史」や「英文学とキリスト教」などを担当。著書『生きるとはキリスト カトリック霊性をたどる』（南窓社）他。訳書『教皇ヨハネ・パウロ２世の詩 黙想／ローマ三部作』（聖母文庫）他。「第８回ヨゼフ・ロゲンドルフ賞」（1992年、受賞対象『評伝トマス・マートン』ドン・ボスコ社）、「カトリック学術研究奨励賞」（2001年受賞対象「アメリカのカトリシズム研究」日本カトリック大学連盟）

証言者《しょうげんしゃ》たち
厳律《げんりつ》シトー会《かい》アトラス修道院《しゅうどういん》の七人の殉教者《じゅんきょうしゃ》

2018年7月17日　初版発行

著　者　ベルナルド・オリベラ
訳　者　木鎌安雄
発行者　関谷義樹
発行所　ドン・ボスコ社
〒160-0004　東京都新宿区四谷1-9-7
TEL 03-3351-7041　FAX03-3351-5430
装　幀　幅 雅臣
印刷所　株式会社平文社

ISBN978-4-88626-637-8
（乱丁・落丁はお取替えいたします）